いま宗教に向きあう 4

政治化する宗教、宗教化する政治

世界編 II

いま宗教に向きあう 4

政治化する宗教、宗教化する政治

世界編 Ⅱ

責任編集 池澤 優

岩波書店

目　次

二　世俗・人権・宗教

三　宗教の公共化

装丁＝森　裕昌

序論　公共圏と宗教のせめぎあい

池澤　優

現代日本に生きる我々にとって、宗教のイメージはいかなるものだろうか。人によっては地下鉄サリン事件を思い出すかもしれないし、我々にとって直接は関係しない（しかし間接的に重大な影響を与える）海外での宗教をめぐる紛争を連想するかもしれない。いずれにせよ、我々の宗教の基本的イメージは、何か（しばしば我々が到底信じることができないような何か）を信じ、その信仰に基づいて集団を形成して活動することであろう。だが、日常的に我々が宗教とどのような関係を持っているかを考えると、例えば正月の初詣、クリスマス、あるいは葬式など、必ずしも何かを信じていなくとも、我々は宗教施設を訪ねたり、儀礼に参加したりする。雑誌の「今月の運勢」コーナーを読むことはどうだろうか。占いは必ずしも宗教ではないが、人間の運勢に関する何らかの法則に基づくことは確かで、たとえその法則を真剣に信じていなくとも、占いのコーナーを読むことはその信念に何らかかコミットすることに他ならない。

以上のような現代日本人の宗教とのかかわりは、日本文化が宗教に対していい加減であることを示すとして批判の対象になったり、逆に宗教に対する寛容を表すとして称揚されたりする。だが、宗教のイメージが実際の宗教のあり方とは相当にずれているのは別に日本に限ったことではない。本巻は我々の有する宗教イメージとずれる宗教現象を扱い、「宗教とは○○である」といったイメージが一種の虚構でしかないことを示すことになる。

一　宗教概念と市民宗教

「宗教とは○○である」というイメージのことを宗教概念と言う。近代社会における宗教概念は、何よりも個々人の信条、信仰であり、個人が自発的な選択によって加入する集団（宗教集団）であり、よってそれは公共《パブリック》とは区別される私事《プライベート》に属する。これを政治的に表現するのが、国家は個人の宗教信仰に介入することはできず、全ての宗教を平等に扱わなければならないという、政教分離、信教の自由の原則になる。

ただ、このような近代的な宗教イメージが実際の宗教現象と合致しないことは、考えなくても分かることである。たとえ信仰が個人の内的な信条に属すとしても、それは何らかの社会的行為《アクション》を行うことで初めて意味あるものとなる。その行為《アクション》が何らかの効果を生めば、それは公共的《パブリック》な現象となる。何よりも宗教は社会的現象であり、何らかの社会集団の価値観や理念を体現する集団的性格を持つ。フランスの社会学者エミール・デュルケムは、オーストラリアのトーテミズムという形態の宗教に依拠し、宗教における聖なるものとは共同体の「旗」であると表現したが（デュルケム　一九七五、上巻、三七二頁）、それだけが宗教のあり方ではないにせよ、宗教には集団の理念を表象し、それにより集団が個人を越える価値があるものとして聖化し、その統合を強化する機能があることは確かである。

だから、宗教とは個人の信条、信仰であるという宗教イメージは、昔から普遍的に存在してきたわけではない。そもそも宗教に相当する現象は太古から存在してきたにせよ、宗教という概念は歴史上のある段階で形成されたのである。(1) ヨーロッパの中世では、キリスト教(教皇を頂点とする体制全体)が社会の全てを覆う「聖なる天蓋」を形成し、宗教において公共《パブリック》と私事《プライベート》を区別するという発想自体が存在しなかった。状況を変えたのは、一六世紀に始まる宗教改革とそれに続く宗教戦争である。その結果、異なる宗教(カトリックとプロテスタント)から個人(当初は領主)が選択することが可能になった。同時期、西欧が世界各地に進出し、キリスト教と比較できるような「宗教」が多元的に存在することが知られ、キリスト教は唯一の宗教ではなく、諸宗教の一つという認識が広まり、その地位は相対化された。一八世紀に近代的な国民国家は、理念的には、様々な宗教団体を包摂する統合的な共同体として成立し、国家は特定の信仰にはコミットしない、あるいは特定の宗教にコミットするとしても、個々人の信仰には介入しないという原則が確立された。これが政教分離、信教の自由の原則である(ただ、これも後述するが、如何なる宗教団体がどれだけの政治的な力を持っていたのかは国ごとに違っていたので、近代国家が宗教に対し如何なる態度を採るかは国によって違っていた。それは政教分離という原則の実際の中身は様々であったということを意味する)。

かくして、宗教という私事《プライベート》な領域と国家という非宗教的＝世俗的な領域の区分ができたわけだが、近代的国民国家は「宗教的」と言わざるを得ないような要素を当初から内包していた。フランスの歴史学者であるフィリップ・アリエスは、一八世紀後半から一九世紀にかけて〝新しい死者崇拝〟が生まれたと指摘している。中世まで西欧では都市内部の教会に死者を埋葬するのが一般的であり、従って生者と死者の共存が当たり前の光景であったが、一八世紀に死者との共存は〝不潔〟であると見なされるようになり（その世論を牽引したのは医学である）、墓地は教会から引き離されて、都市の外側に移動させられた。郊外型あるいは公園型霊園の成立である。

アリエスによるなら、霊園が表象する〝新しい死者崇拝〟は二面を有していた。一つは、遺族が定期的に墓地に参詣して愛する家族の思い出にふける面であり、これは私事《プライベート》としての家族――愛情の紐帯――が至高の価値を帯びるに至ったことを表す。この面は上述の私事《プライベート》としての宗教イメージと合致するのだが、もう一つの〝新しい死者崇拝〟は死者が全体として国家を表象するという面であった。当初、教会附属墓とは別の形態の墓が模索される中で、共同体の全メンバーを包含する集合墓のアイデアが提出され、それは特定の宗教集団に所属せず、宗教的象徴を置くことも望ましくないとされた（アリエス 一九九〇、第一一章）。そのプランは採用されなかったわけだが、集合墓のプランは近代国家が戦没者の慰霊／顕彰を行う施設で生かされることになる。市民革命はそれまでの身分制度を否定したため、国家のために戦死した全ての兵士を名簿で等質に表す記念碑は〝自由と平等〟の具現化であり（但し、パリの凱旋門でも最初は将軍の名だけが刻まれたように、それはすぐに実現したものではなかったが）、それを対象として行われる国家の顕彰儀礼は、個々の兵士を国家の理念を体現した存在であるとすることによって、その生命に生死を超越する意義を賦与するものであった。それを最も典型的に表すのが、第一次世界大戦を契機にフランス、イギリス、アメリカで導入された「無名戦士の墓」になる。各戦場の戦死者から選ばれた一名の匿名の兵士は、匿名であるからこそ、戦死者を、更には国家そのものを象徴し得たのである(モッセ 二〇〇二、三九―五六、七七―一一二頁)。

つまり、近代国家を価値とする、一般にナショナリズムと呼ばれる考え方は、多分に宗教的要素を帯びているのである。国家の利益のために生命を犠牲にした戦死者の慰霊／顕彰は、個人の死に超越的な意義を賦与する領域にかかわるため、特にナショナリズムの宗教性を顕著に示すが、他にも建国に関する〝神話〟とか、首長の就任であるとか、国家の理念を表出しなければならない局面では、宗教的な表現や象徴、儀礼が用いられるのが常である。アメリカの社会学者、ロバート・ベラーはそれを「市民宗教」(civil religion)という語で表した。市民宗教は、宗教とは何よりも信仰であり、私事《プライベート》であるという宗教イメージから逸脱した領域であり、政教分離という近代国家の理念とは矛盾する宗教現象である。特に重要なのは、市民宗教はその時代に優勢だった宗教(中心はキリスト教だが、古典主義的なモチーフも重要な要素であった)の象徴や文言を流用する形で成立したという点である。戦没者の象徴にはしばしば十字架が用いられ(イギリスでは戦場に埋葬された戦死者には十字架の墓標が建てられたが、終戦後に死体が軍人墓地に集められた時、十字架は死者の故郷に運ばれ、教会に安置された(モッセ 二〇〇二、九六頁、粟津 二〇〇六、一七三頁))、戦死という犠牲はしばしばキリストの受難に喩えることで意味づけられた。これらのことは、国家による戦死者儀礼は特定の既存宗教のどれにも与さないのが原則ではあったが、実際にはその境界線は不分明であったこと、私事《プライベート》としての遺族の慰霊と国家儀礼は断絶していたのではなく、一種の連続が存在したことを示している。

このことは近代国家の宗教的表象は当該社会における宗教の全般的なあり方の影響を受け、内実は多様になることを意味する。敷衍するなら、一般的理念として信教の自由、政教分離という原則があるとしても、近代国家における政教関係はどこでも同じと仮定できないということである。再び、戦死者慰霊から例をとるなら、パリの凱旋門に無名戦士の墓を設けたフランスとは異なり、イギリスでは王室霊廟であるウェストミンスター寺院に無名戦士を葬ったが、国家儀礼はそこからほど近い場所に建てられた記念碑、セノタフを焦点とする。これはイギリス国王が国教会の首長である一方、特定教会という場は国民統合のためにはあまり有効ではないという事情に依る（粟津 二〇〇四）。ドイツでは地方の死者の城塞《トーテンブルク》や英雄の森《ヘルデンハイン》が戦没者の記念碑となったが、それは自然が郷土の象徴であると同時に、不変性、根源的な力を表象したからであった（モッセ 二〇〇二、九〇—九五頁）。ドイツの国家的慰霊施設はベルリンの新衛兵本部《ノイエ・ヴァッヘ》に設けられたが、そこはワイマール期には花崗岩の「祖国の祭壇」が置かれ、ナチス期には戦没者の顕彰の場となり、東ドイツ期にはファシズムの犠牲者を記念する碑が置かれ、東西ドイツの統一後に「死せる息子を抱く母」の彫像（「戦争と暴力支配の犠牲者たち」にささげられたもの）に置き換えられるなど、めまぐるしく移り変わった（久保田 二〇〇六、高橋 二〇〇七）。言うまでもなく、この変遷は国家が如何なる理念を理想とするのかに関する考え方の変遷を表すのであり、戦没者記念碑は伝統的宗教の象徴を素材として生かしつつ、近代の「公共圏の宗教」を創出しようとした過程を反映すると見ることができるのである。

　それと関連するのは、市民宗教は国家が個人を越える価値を有することを主張する全体主義的なナショナリズムに止まるものではない——当然、その面はあるのではあるが——ということである。国家が個人の生命より重いのだとしたら、それは何らかの永遠的理念——自由とか、平等とか、連帯とか——を体現するものでなければならない。そのような理念こそ、市民宗教の「教義」であると言える。

ただ、そのような理念はしばしば複数存在し、人により何が最高の理念なのかに関する考えは異なり、そして状況に応じてその考えは変わり得る。従って、市民宗教は国民の中に存在する分断をうまく覆い隠して、統合を表示することもあるし、逆に対立を激化させることもある。再度、戦没記念碑を例にするなら、リンカーン記念堂、ワシントン記念塔、ホワイトハウスと一直線にならぶアメリカのアーリントン墓地は統合性を演出している好例である（フット 二〇〇二、二六五頁）。南北戦争の激戦地であるゲティスバーグに建てられた記念碑群も、平等と反奴隷制という北軍の理念ではなく、共にアメリカのために血を流したという意義づけが強調される（ボドナー 一九九七）。スペインの「戦没者の谷」の場合、当初はフランコ派の兵士を「国家カトリック主義」の殉教者として讃えるために建設されたが、それが完成した時期には国民的和解を求める声が高まっていたため、フランコ色を弱めることで、一種の無名戦士の墓として機能することになった（アルベール＝ロルカ 二〇一〇）。先述したドイツのノイエ・ヴァッヘの「死せる息子を抱く母」像も、戦没者を讃えるのではなく犠牲者と捉えることで、戦争という国家が行使する暴力の否定を表すと評価される一方（南 二〇〇三）、「戦争と暴力支配の犠牲者たち」という一般化された表現ではナチスの戦争犯罪に対する反省にならないとする批判があることが示すように、現在のドイツを戦争の犠牲にもかかわらず復興したと捉えるか、過去を反省・否定することで新たに再生したと捉えるか、国家ビジョンの対立を反映すると言える（久保田 二〇〇六）。

二　公共圏自体に内在する宗教性

まとめるなら、我々は宗教とは個人の内面的信仰であり、私事《プライベート》であるという宗教イメージを持ち、それは国家を代表とする公共圏は世俗であり、非‐宗教であるという聖と俗の区分に基づくが、その前提に反する宗教性は広範に見ることができる。これは我々が有する宗教イメージ（宗教概念）が、宗教という社会制度を扱う場合の約束事（一種の虚構）であることを意味している。従って、いわゆる政教分離なるものも固定的なものではなく、各文化における宗教の立ち位置によって実態が変わってくる建前のようなものである。そもそも本巻第一部で扱った非西洋諸国の場合、西欧的な政教分離を採用しているとは限らない。それぞれの国の近代以前の社会体制と近代化のプロセスに応じて、（準）国教的制度から国家による宗教管理に至るまで、様々な政教分離が存在する。タイのように国教に準じるものを設定した上での政教分離は、公共的な価値規範と私的な信条の二つのレベルの異なる宗教が設定されるであろうし、中国のように、国が何が宗教であるかを規定し、各宗教を代表する機関を通して管理する体制の場合は、信教の自由は国が設定する選択肢と範囲に限定されることになる。

但し、政教分離の内実が多様であるのは、非西洋諸国だけではない。本巻第二部の諸論考が示すように、西欧でも一致した政教関係が存在する状況からはほど遠い。アメリカやドイツのように宗教と公共圏が親和的な関係を築いてきた場合は、宗教と国家が一定の関係を持つことを許容する傾向が強く、ただ特定の宗教に肩入れしないことが政教分離であるとされる（その代わりに、本巻第9章が示すように、たとえ公共の利益に反する場合でも、個人の信教の自由の申し立てを拒否できないことになる)。それに対し、国家が有力な宗教との対立の中で自己確立してきた場合は、宗教が公共圏に現れること自体を拒絶する傾向が強くなる。近代国家一般の約束事としては、国家という枠組みは世俗(非-宗教)であるとされつつも、実際の枠組みは一定の宗教的偏向を有するということになる。近代国家、宗教イメージ、そして世俗と宗教の二元論にかかわる錯綜した状況に関し、以下では生命倫理学者であるトリストラム・エンゲルハート(2)(Engelhardt 2000)の議論を援用して整理しておきたい。ことは宗教だけではなく、近代国家が体現する価値観にかかわる。

エンゲルハートは、古代ギリシャの時代から西洋の哲学が志向したのは、理性のみに基づいて万人が共有できる道徳性を獲得することであったとする。中世のキリスト教の時代も例外ではなく、スコラ学の中では推論的理性によっても道徳性に到達することは可能であるとされた。近代の啓蒙主義はその延長線上にあり、カントは道徳的思考の対象から超越的な神を除外し、理性により把握できる現象世界に限定することで、理性的存在という人間のあり方を道徳の基盤にすることができると考えた。しかし、このプロジェクトの欠点は、理性的存在とは具体的に如何なる理念を表すのか、人間をどのように扱うことが道徳的なのか、合意は存在しないということである。

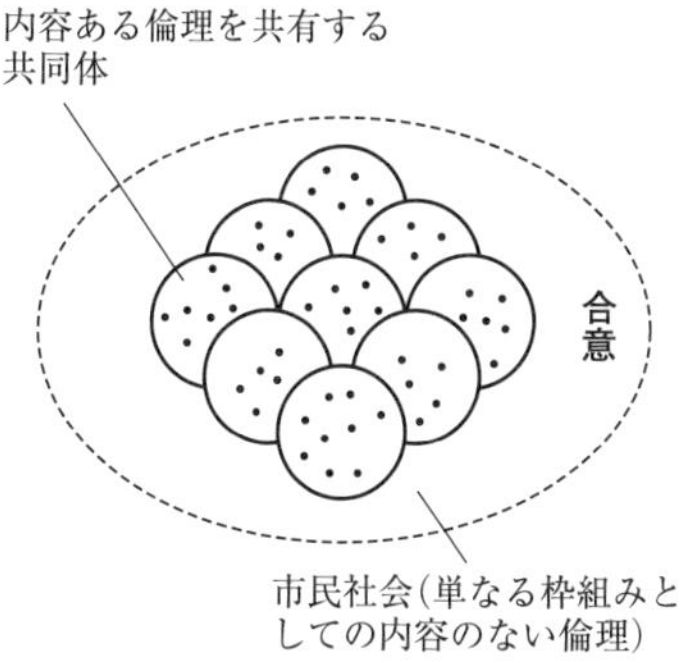

図1　自由至上主義的多元社会
(libertarian cosmopolis)

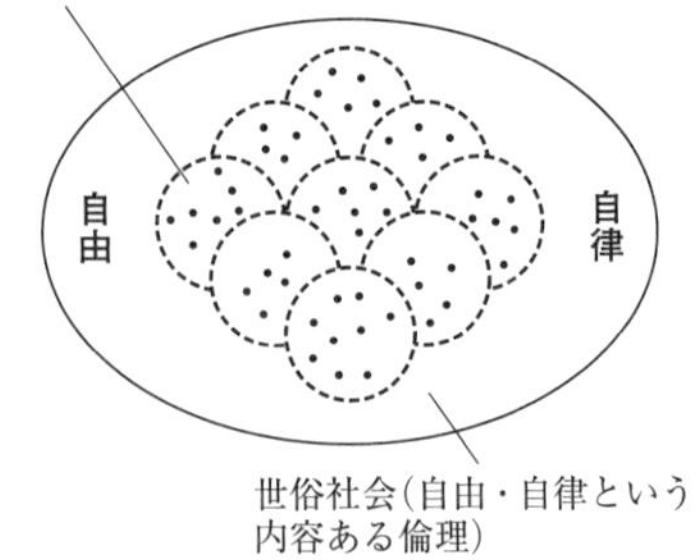

図2 自由な多元社会

エンゲルハートは、この欠点を乗り越えようとしたのがヘーゲルであったと考える。ヘーゲルは万人に共有される単一の道徳性という志向を放棄し、自由の原則が支配する市民社会という場の中で、特定の価値観を奉じる複数の共同体が並存するという構図を考えた。この構図の中では、内容のある倫理は各共同体がそれぞれ提供する一方、市民社会全体は自由と同意のみを規範とする――それにより異なる価値観を持つ「倫理的異人」たちが並存することが可能になる――「内容のない」「空の枠組み」となる。啓蒙主義を経たポストモダンが見いだしたのは、ただ同意のみに基づく空虚な枠組みの中で複数の倫理が並存する「自由至上主義的多元社会」だったというわけである(**図1**)。

しかし、「自由至上主義的多元社会」の構想にも大きな欠点があった。その一つが、「空の枠組み」は実際には価値中立的な「空」にはならないということである。というのは、自由と同意という約束事の下で複数の共同体が共存できる以上、諸共同体は自由と同意という約束事に反することは許されないからである。市民社会が前提とする自由という約束事は、個人が自律的に考え意思決定することが最高の価値であるとする価値観に基づいているのであり、市民社会という場に参与することは、この価値観を受け入れることを意味する。そこでは個々人が自分の人生目標を有し、それを実現して自分を満足させることが良いことであるという人間観に基づき、そのような個人の意思を阻害する自然と伝統のあり方は技術と改革運動により乗り越えていくことが道徳的に正しいことになる(「自由な多元社会」、図2)。

この図式を現代の宗教に当てはめるなら、本巻第二部で論じられている状況がよく理解できる。近代市民社会の「信教の自由」「政教分離」という原則は、特定の形態の宗教を前提とし、それは宗教とは個人の内面の信仰であり、自由、合意、人権といった大原則に反することがないのが〝本当の宗教〟〝良い宗教〟であるというイメージである。宗教である以上、自己の生き方と社会のあり方に関する特定の理念を持ち、社会に対してそれを訴えていこうとする(布教)が、それが一定限度を越えれば、市民社会の約束事に反するとして抑制される。本巻第5章が示すように、ヴェールがイスラームの信仰を公共空間で顕示するものであるなら(第7章が示すように、この前提自体が怪しい)、それは他者の「信教の自由」に対する侵害と見なされることになる。近代的な「宗教」概念はそれ自体の中に望ましい宗教のあり方に関するイメージを包含しており、それに合わない宗教は排除される可能性があるのである。始末が悪いのは、前述のように、実際の「政教分離」のあり方は当該社会の歴史的、文化的背景に応じて多様であり、従って望ましい宗教には固定的な基準がないことである。同じく宗教の象徴であっても、十字架は戦死者慰霊のような市民宗教の中で採用されてきた歴史があるため、「文化的アイデンティティの象徴」ということになってしまう。

三　宗教が採用する戦略の諸類型——世俗的価値観の活用と社会貢献

社会なり国家なりが宗教に期待するものと自らの理念にズレが存在する状況の中で、宗教が採用する対抗戦略にはいくつかの類型が考えられるであろう。ここでは、それを三つに分けて考えるが、これは現代の世俗社会における宗教活動が三つに分けられるという意味ではなく、理念型として三つの戦略があり得るであろうということである。実際には、それらが複合的に活用されるであろう。

第一の戦略は、外部に対してはひたすらに閉じ、自らの純粋さを守るものである。実は、前述のエンゲルハートが採用したのはこの戦略で、彼は価値の基準を人間から神へ移行させることで、生きることに関する究極的意義を獲得し、それに基づいた生命倫理を主張した。この戦略は一つの選択肢であるが、社会に分断を生み出すという欠点がある。そもそも彼が採用した「自由な多元社会」というモデルでは、一つの共同体は一つの価値を奉じるものと設定されるため、内部的な多様性は等閑視され、差異と対立が強調される傾向がある(3)。市民社会という場は異なる信条を奉じる共同体が闘争を繰り広げる闘技場となり、相互の協働の可能性は閉ざされ、共同体に属する個人は開かれた関係性への契機を持てなくなる。第5章の中で公共の場でヴェールの着用を禁止することに対する批判として、禁止が女性を孤立させることが挙げられていたが、それは公共圏からの規制に対し宗教が自閉的な対抗戦略を採り得ることを示すものであろう。

第二の戦略は、市民社会の「宗教」概念に自らを適応させつつ、積極的に公共圏に参与していくものである。現代における宗教運動として我々が認知するものの多くは、この形態のものになるであろう。この場合、運動の主体となる団体は宗教を自認するが、その主張と運動は宗教の範囲にとどまるとは限らない。というのは、市民社会の理念は自由、人権、連帯、寛容など、多様なものを含む（しかも、それらは相互に矛盾したりする）から、諸集団はそれらの理念に訴えることで、自分の主張に説得力を賦与しようとするからである。従って、「宗教」という概念も、それらの団体にとって利用可能な資源として利用されることになる。第9章が扱う、避妊具に関する健康保険の支払いを忌避するために「信教の自由」に訴えるという事例は、正にそのような状況であろう。いずれの団体も自らに有利になるように市民社会の理念を利用し、その内容を望むような方向に操作しようとする。宗教なるものの内実もそのような政治的《ポリティカル》な綱引きの中で決定されるのであり、可塑的な性格のものとなる。一方、この戦略を採用する宗教は、市民社会が望むような「宗教」――明確な成員権《メンバーシップ》を有する団体《コーポレーション》であり、本部と統一的な教義を有する存在――へと自らを調節する必要がある。そのような自己調節によって、伝統的なあり方は変容を迫られるかもしれないし、また、そのような自己調節を行いにくい宗教――教義よりも、日常的な生活規範で自らを定義するタイプの宗教――は、この戦略では不利になる。(4)

宗教による市民社会の理念の利用という点について一言附言するなら、そのような理念自体、固定的ではなく、時代と社会の変化によって絶えず新しい理念が生まれ、従って、それを利用する戦略も常に変容する。例えば、一九九〇年代以降、台湾では死生学（生死学）という新しい学問が興起し、それは臨床における高度医療化と関係していた。死生学の中で主張されたのは「生と死の尊厳」であったが、それは宗教者（仏教僧侶）により医療施設内で宗教儀礼（助念）を行うこととして解釈され、主張されていった。「生と死の尊厳」という新しい理念は宗教の再活性化につながったのである。

近代的宗教イメージに対し宗教が採用する第三の戦略は、自らを「宗教」とすることを、少なくとも特定の宗教集団であることを放棄し、あるいは取り立てて宗教であることを標榜せず、「世俗」的な思想・運動として公共圏に参与するというものになる。これは必ずしも、「宗教」でありながら、それを隠して粉飾するということではない。既述のように、宗教と名乗って公共圏に参与するためには、近代の宗教イメージに合うように自己調節する必要があり、それによって「宗教」という範疇の事象として扱われる。少なからぬ思想と運動において、自己が宗教であると標榜することに必ずしもメリットはなく、ならば宗教的な思想の影響を受け、あるいは宗教的な資源を活用していても、宗教以外のものとしてそれを表現する方が影響力を広げるのに有利、ということになる。第三部第10章で扱ったような領域が典型的な事例なのであって、自然の中に「聖なるもの」を知覚しつつも、それを実在ではなく、人間の感受性と表現するような曖昧な宗教性は、現代における宗教の一つのあり方と言い得るであろう。

ただ最後に今一度、これら三つの戦略は必ずしも当事者が自覚的に選択するのではなく、特定の思想や運動の中に複数の戦略が同時併存し得ることを強調しておきたい。例えば、第11章は宗教による慈善活動において、「結束型」と「橋渡し型」の二つがあることを指摘している。これは言い換えるなら、宗教であることを前面に出す活動と、宗教であるか否かは二次的でしかない活動と言うことができ、宗教の社会参加において、この二つの戦略の間にジレンマが存在することを示すが、この点については【争点3】で詳述したい。

注

（1）宗教という言葉（概念）が普遍的に存在しなかったことは、宗教という現象が普遍的に存在することを否定はしない。しかし、宗教に相当する現象が存在するとしても、それを表現するための「宗教」という概念があるのとないのでは、根本的に異なる状況を帰結する。「宗教」という概念があれば、その範囲を定めた上で、それが如何なる領域であるべきなのかに関する操作が可能になる（もし、ある文化の中で、「宗教」とは異なる概念（例えば中国文化の「教」）でその領域を括ろうとするなら、当然、その範囲も、そのあるべきあり方も異なってくるだろう）。この状況を説明するためには、「人格の尊厳《パーソン》」という近代的な概念を喩えとするのが良いかもしれない。おそらく人類が誕生して以来、あなたのすぐ隣にいる同胞を尊重しなければならないという規範を持たなかった文化はないであろう。しかし、近代になるまで、その感覚を「人格の尊厳《パーソン》」という語で表すことはなかった。「人格の尊厳《パーソン》」という概念が登場したことで、相当程度普遍的に存在する感覚を倫理的理念として主張することが可能になった反面、本来的には異なる感覚を混同する状況が生じた（ドイツの生命倫理学者であるクルツ・バイエルツは、西欧の「人格の尊厳《パーソン》」概念には、人間を理性的存在とするギリシャの考え方と、「神の像」とするヘブライの考え方が併存し、両者は全く異なることを指摘している（バイエルツ　二〇〇二））。ある状態を表す概念を有することは、それを思想的に操作可能にすることなのである。

（2）エンゲルハートは一九七〇年代にアメリカの国家委員会に理性的な思考能力を有する人格《パーソン》の自己決定を最大の価値とすることを論じたレポートを提出し、「人格の尊厳」原則の確立に寄与したことで知られるアメリカ生命倫理学会の重鎮である。エンゲルハートに関する議論については池澤（二〇一二）参照。

（3）エンゲルハートはこの欠点に気づいていなかったわけではなく、たとえ同じ道徳的共同体に属していても、個人が価値観を異にする可能性がある以上、人は誰でも孤独な個人として価値観を選択することになると考えていた。

(4) 例えば、一般に民間信仰と言われるタイプの宗教がそれで、その中での宗教的感覚は、存在するとしても、市民社会の「宗教」という場では、慣習とか俗信とされて、声を挙げにくい。もちろん民間信仰における感覚を論理まで高めることは可能ではあるが、それを行うにはある種の才能が必要である。台湾の鄭志明が行っているのがそのような活動であり、彼は民間信仰を含む漢族の宗教的感覚を統一的な論理にまで昇華させている(鄭 二〇〇八)が、それは第一級の宗教学者である彼だからできたと言える。

参照文献

アリエス、フィリップ 一九九〇、成瀬駒男訳『死を前にした人間』みすず書房。
アルベール=ロルカ、マルレーヌ 二〇一〇、「スペイン内戦の死者の記憶の変遷と「戦没者の谷」の霊廟」池澤優、アンヌ・ブッシィ編『非業の死の記憶——大量の死者をめぐる表象のポリティックス』秋山書店。
粟津賢太 二〇〇四、「記憶の場の成立と変容——欧米における戦没記念施設を中心に」国際宗教研究所編『新しい追悼施設は必要か』ぺりかん社。
粟津賢太 二〇〇六、「古代のカノンと記憶の場——英国エセックス州における戦没者追悼施設を中心に」『現代宗教』。
池澤優 二〇一二、「生命倫理と宗教——エンゲルハート再考」『東アジアの死生学へⅣ』(『死生学研究』特集号)。
池澤優 二〇一八、「日本の死生学と台湾・中国の生死学——宗教との関係を中心に」『死生学・応用倫理研究』第二三号。
久保田浩 二〇〇六、「ドイツにおける戦没者を巡る追悼空間——「ノイエ・ヴァッヘ」再考」『現代宗教』。
島川雅史 二〇〇三、「慰霊と「国家への献身」——アメリカの「靖国」」田中伸尚編『国立追悼施設を考える――「国のための死」をくり返さないために』樹花舎。

高橋秀寿 二〇〇七、「「靖国」と「ヒロシマ」――「記憶の場」の日独比較の視点から」『季刊 日本思想史』第七一号。

鄭志明 二〇〇八、『民俗生死学』文津出版。

デュルケム、エミール 一九七五、古野清人訳『宗教生活の原初形態』上・下、岩波文庫。

バイエルツ、クルツ 二〇〇二、「人間尊厳の理念――問題とパラドックス」ルートヴィヒ・ジープほか、山内廣隆・松井富美男訳『ドイツ応用倫理学の現在』ナカニシヤ出版。

フット、ケネス 二〇〇二、和田光弘ほか訳『記念碑の語るアメリカ――暴力と追悼の風景』名古屋大学出版会。

ベラー、ロバート 一九七三、河合秀和訳『社会変革と宗教倫理』未来社。

ボドナー、ジョン 一九九七、野村達朗ほか訳『鎮魂と祝祭のアメリカ――歴史の記憶と愛国主義』青木書店。

南守夫 二〇〇三、「「ノイエ・ヴァッヘ」の歴史的意味――日本における戦没者追悼問題を考えるために」田中伸尚編前掲書。

モッセ、ジョージ 二〇〇二、宮武実知子訳『英霊――創られた世界大戦の記憶』柏書房。

Engelhardt Jr., H. Tristram 2000, *The Foundations of Christian Bioethics*, Swets and Zeitlinger Publishers.

一　ナショナリズムと宗教

【争点1】 ナショナリズムも宗教の代替物なのか？

池澤　優

宗教と政治の関係の歴史に関する一般的な理解は次のようなものではないかと思われる。かつて近代以前は宗教が「聖なる天蓋」として全てを支配していた。政治は神の権威の前にひれ伏し、経済、思想、文化活動などの社会の位相は未分化のまま、宗教に包摂されていた。しかし、人間の知が発展し、経済が進歩するに従い、社会の分化が始まった。政治は宗教から自立し、宗教的権威を排除することで近代国家が成立した。社会の分化の中で、宗教は他の諸々の位相——学問、芸術、趣味など——とならぶ一要素に過ぎなくなり、内面の信条(信仰)として個人が何を信じようと自由であり、国家はそれに口出しせず、また国家が特定の宗教に与することは許されないとされるようになった。これが近代国家と宗教の基本的な関係である政教分離である、と。

宗教と世俗を完全に対立するものとみるこの捉え方は、西洋の近代化過程に基づくステレオタイプである。実は、序論で言及した近代国家による戦死者顕彰の例を考えても、ナショナリズムに濃厚な宗教性が潜在していることはすぐに分かるのだが、非西洋諸国ではより錯綜した状況を呈する。本巻第一部は、まず宗教／世俗というステレオタイプ的な二元論を相対化するために、非西欧諸国における国家と宗教の関係を扱った論稿を四つ配した。

第1章はインド亜大陸の三国を対象に、いずれにおいても「セキュラリズム」が宗教と世俗を対立するものとして捉える場合の「世俗」という意味で用いられていないことを論じる。そこに国民統合を優先させるのか、宗教的純粋さを優位に置くのかに関し相克がないわけではない。その緊張ははらみつつも、「セキュラリズム」という語は宗教と結びついて用いられているのである。例えば、世俗国家であるインドでヒンディイズムを志向する現首相は、その語を「インドの魂」と同定することで宗教的な含意を持ち得るように操作している。インドとパキスタンの分離を決定づけたパキスタン独立の父ジンナーは実はセキュラリズム論者であり、パキスタンでは信仰により差別されることはないとした。バングラデシュではイスラーム志向とベンガル・アイデンティティの間に深刻な対立がある。これらの例で「セキュラリズム」に対立する概念は宗教ではなく、おそらく党派主義(または宗派主義)なのであろう。宗教が国家の統合を阻害する場合は、セキュラリズムはそれを否定するが、宗教が国民の統合を促進する場合はセキュラリズムと宗教は結合し得る。もともと宗教には信仰を共有する者を統合する力と、異なる信仰の間に壁を作る力があったが、前者を国民国家の中に取り込んだのがインドの「セキュラリズム」概念であるように思われる。

第2章はタイの国家主導のナショナリズムについて論じる。そもそも近代以前の上座部仏教は重層的なネットワークであり、近代的宗教概念が想定する教団からはほど遠い状態であった。国王による近代化の過程の中で仏教(サンガ)が整備され、近代国家の成立と「仏教」(近代的制度としての仏教)の創設は連動することになった。従って、近代国家タイの理念が仏教と結びつくのは、むしろ自然な趨勢だった。仏教は国家の道徳的基盤であり、国王はその擁護者であるとされることで、仏教は近代国家のアイデンティティそのものとなった。以上の観察に基づいて、著者は、宗教ナショナリズム(特に過激な原理主義)と世俗国家が対立していると捉える、現在主流の構図は現実に合わず、国家主導のナショナリズムと過激な宗教ナショナリズムが対立していると捉えるべきなのではないかと、提言を行っている。換言するなら、政権に対して宗教ナショナリズムが抵抗することで生まれている様々な紛争は、世俗と宗教の対立なのではなく、宗教と宗教の対立なのではないかということである。

第3章はボスニアの諸集団のアイデンティティを規定する宗教ナショナリズムと、それとは別の形のナショナリズムの可能性を論じる。周知のように、旧ユーゴスラビア解体後に過酷な内戦を体験したボスニアの諸集団(ムスリム、カトリック、セルビア正教徒)は、実は地理的・歴史的背景のためにナショナリズムは未発達で、諸集団が混在している状態であった。一九世紀にセルビアとクロアチアのナショナリズムの影響を受け、ボスニアの諸集団にもナショナリズムの高揚が波及するが、その時にアイデンティティ・マーカーに利用されたのが宗教であり、カトリックはクロアチア人と、セルビア正教徒はセルビア人と同定されるようになった。しかし、ムスリムのナショナリズムの形成は内戦になってからであった。著者は宗教が文化マーカーとして近代国家の基盤になり得ると同時に、そのような宗教は人々を対立させ壁を作るだけとする見方は、今でも異なる信仰を持つ人々が混在し交流している状況を軽視することになると指摘する。異なる諸集団が共有する〝地域〟への誇りというナショナリズムが人々を統合する可能性もあるとするのである。

第二次世界大戦後の韓国における政治と宗教の関係を論じる第4章は、対立の軸が世俗と宗教ではなく、宗教と宗教の対立に他ならないことを示す点で、第2章と類似する。第二次世界大戦後に初代の首相となった李承晩《イスンマン》が敬虔なクリスチャンであったこともあり、韓国ではプロテスタントが政権の中枢を担うことになった。その背景には「越南宗教人」と呼ばれる、北朝鮮から逃れてきたプロテスタントの存在があった。彼らと政権は反共を軸として結びつき、軍事政権の時期を通して、一貫してプロテスタントは政権の支持母体となる保守多数派を形成してきた。しかしながら、軍事政権の抑圧に抵抗したのもクリスチャンであった。保守的主流派が性的少数者や障害者を排除する傾向を強める中、進歩的クリスチャンはそのような少数者を包摂する教会を志向している。このような韓国の状況は二つのことを意味している。一つは宗教が実際に政治的影響力を持っており、宗教をプライベートな領域のものとするモデルではリアリティを把握できないこと、もう一つは宗教上の考え方(あるいは感性)の対立が政治的対立となって現れているということである。

つまり、近代的な国家・民族といった概念が成立する過程において、あるいはその後の変化の過程において、少なからぬ場合、宗教が決定的な役割を果たすのであり、宗教を排除した領域として世俗が成立するというモデルは現実に則していない。ただ、これはもともと宗教という領域が確固として存在しており、それが政治に影響を与えたと理解されるべきではない。国家が形成される近代化の過程は、同時に宗教という領域が設定されて社会の中に位置づけられる過程だったのであり、その時にモデルの役割を果たしたのが政教分離に代表される西洋由来の宗教イメージだったと言うべきであろう。筆者が専門とする中国の事例に簡単に言及して、本稿を締めくくりたい。

現在の中華人民共和国では憲法で信教の自由が保証されているが、実際には仏教、道教、イスラーム、カトリック(天主教)、プロテスタント(基督教)だけが宗教として認められている(公認宗教制)。この五つの宗教は信者が多いために国家管理下に置かれているのであり、未公認の宗教が公認を得るための手続きなどは存在せず、国家が「邪教」であるとした宗教は保護の対象にならない。宗教行政の基本法規が「宗教事務条例」、それに基づき宗教行政を行うのが国務院の国家宗教事務局であり、宗教事務局が各宗教の自治的組織を通して管理するのが基本構図である。従って、信教の自由はあるといっても、宗教が勝手に活動できるわけではなく、また宗教が国家の役に立つ場合（例えば、寺院が観光資源として有用である場合など）は、国家が宗教を支援することもあり、その意味では政教分離の原則は成立していない。そのような体制になった理由を中華人民共和国が社会主義国家であることだけに帰するのは早計である。というのは中華民国の段階で、例えば寺廟を学校に転用するなど、宗教は国家（社会）の役に立つべきだという観念と制度が一般化していたからである（井上編 二〇一二、二一一―二一三頁）。

前近代の中国には仏教や道教など、我々の通念で宗教と言えるものももちろん存在したが、最も支配的な「教」は儒教であった。儒教は教団を持たず、また宗教的な要素を多く含むものの、それらは為政や修養の思想と不可分であった。その中核にあったのは「天命」の思想である。「天命」の思想はもともと最高神「天」が地上の君主に「命」を降して世界（「天下」）を治める正当性を与えるという、儒教以前の政治思想に由来する。儒教はそれを継承して、君主（「天子」）の政治に「天」は反応してその意思を表すという思想として体系化した。これが自然と人間界が連続すると考える中国的世界観（これを天人相関思想と言う）になっていったが、それだけでなく、儒教は誰もが「天」から道徳性を与えられており、それを実現することで人間は宇宙の経営に参画して「天」の意思にかなうことができるとした。そのため儒教知識人にとっては自らの徳性を高めて国政を担い、「天下」に奉仕することが至上の価値となったのである。

　近代化の過程の中で、まず宗教であるのか否かが曖昧である儒教を、キリスト教モデルに従って純粋な宗教(孔教)にしようとする運動が、改革派の政治家である康有為(一八五八—一九二七)によってなされた。しかし、一九一〇年代末から始まる五四運動の中で儒教を始めとする宗教は封建制の遺物として厳しい批判にさらされた。この状況の中で、中国宗教は二つの方向で近代国家に組み込まれていったように思われる。一つは、儒教の「天下」が国家・民族に置き換えられ、全体に奉仕することが善であるとされるようになったことである。一九世紀末に進化論が紹介された時、それは社会進化論的な方向で理解され、生存競争は民族(「人種」と表現される)の間の競争と理解された(Schneider 2003, pp. 42-46, Dikötter 1992, pp. 98-107)。民族の競争に資するために道徳的で節制した生活を送り、優秀健全な子を生むことが国民の義務であるとされたのである(Dikötter 1998, pp. 68-74, 105-107)。儒教的な宇宙観が国家と科学という言説の中に取り込まれたわけである。

　もう一つは、五四運動の宗教批判に対応する形で、宗教の側でも国家の役に立つものとなるように自己を改革し再規定していったという面である。例えば中国近代仏教の礎を築いた太虚(一八八九—一九四七)という僧侶は、仏教は中国文化の精華であり、仏教の頽廃と国家の衰退は関係しているから、仏教を復興することが国家のためであると論じ、社会の事業に積極的に参加する「人間仏教」を説いた(シッケタンツ 二〇一六、一三八—一四五頁、牟・張 二〇〇〇、一〇四五—一〇四九頁)。本巻第12章で扱われる慈済という仏教ボランティア団体もそのような流れを承けている。こうした背景のために、宗教とは国家と社会のために役立つもの(従って、何らかの形で国家と関係を持つのは当然である)という、中国的な宗教イメージが生まれたのであろう。

近代国家概念も宗教概念も西洋に由来するものである。言うまでもなく、それらが世界に拡散することで世界は近代に突入したのであるが、同時にそれらは何もない所に移植されたわけではない。世界のどこでも独自な思想と宗教があり、従って近代の概念を受け入れる側はそれぞれの伝統文化の文脈に沿ってそれらを咀嚼した。その結果が千差万別の国家概念であり、政教関係であると言うことができる。

参照文献

井上順孝編 二〇一二、『世界宗教百科事典』丸善出版。
シッケタンツ、エリック 二〇一六、『堕落と復興の近代中国仏教——日本仏教との邂逅とその歴史像の構築』法藏館。
牟鐘鑒・張践 二〇〇〇、『中国宗教通史』上・下、社会科学文献出版社。
Dikötter, Frank 1992, *The Discourse of Race in Modern China*, Hurst and Company.
Dikötter, Frank 1998, *Imperfect Conceptions, Medical Knowledge, Birth Defects, and Eugenics in China*, Hurst and Company.
Schneider, Laurence 2003, *Biology and Revolution in Twentieth-Century China*, Rowman and Littlefield Publishers.

第1章　三つの国の「セキュラリズム」
——南アジアからこの語の意義を考える

冨澤かな

一　はじめに——モディ首相が語る「セキュラリズム」

「モディ・ジー〔さん〕、セキュラリズムの定義を語っていただけますか？　なぜメディアや会議派はこの語とその問題を、いわば「コミュナル化[1]」しているのでしょう？」

「私にとって、セキュラリズムは「インディア・ファースト」を意味します。〔略〕真にセキュラリズムの何たるかを全世界に示してきたのがインドです。〔略〕インドこそがセキュラリズムの保証です。セキュラリズムはインドのDNAの内にある、生来のものなのです。〔略〕セキュラリズムの語を利用しようとする政治家や、その名のもとにインドを否定する者がいますが、インドの魂にこそ、誰をも一つにする力があります。「サルヴァ・パント・サンバヴァ」（すべての宗派が等しく認められる）の思想です」（URL①）

インド人民党（Bharatiya Janata Party: BJP）およびナレンドラ・モディ首相[2]とヒンドゥー・ナショナ

リズムの深い関係は誰もが認めるところであるが、これはそのモディ首相が、政権につく以前の二〇一二年にウェブ公開したインタビューの一節である。ここに示されているのは、モディもまた、「セキュラリズム」という語を否定することはなく、自らの肯定的な定義を示す意義を認めており、また認められている、という事実である。

インドは世俗主義《セキュラリズム》の国である。この語彙が憲法に明記されたのは一九七六年であるが、すでに一九五〇年の憲法制定時、さらにさかのぼって国民会議派が牽引した独立運動から、この方針は明示されていたと考えられている。特に、インドの独立が東西パキスタンとの「分離」の悲劇を伴ったことで、「ムスリム国家」パキスタンと「セキュラー国家」インドの対立の図式が、この語に一層の重みを与えたといえよう。しかしそのインドで、こと一九九〇年代以降、まるで「ムスリム国家」あるいは「イスラーム国家」と対をなすように、「ヒンドゥー国家」を志向する動き、いわゆる「ヒンドゥトゥヴァ」の主張が大きくなり、BJPが政権与党たりうるようになった。そのBJPの中でも右派と目されるモディが、「セキュラリズム」という語彙そのものは否定せず、むしろ自らの政治思想を語る語彙として肯定的に用いているのである。さらに、質問者が、国民会議派こそがこの語彙を「コミュナル化」しているとするのも興味深い。左派の世俗主義はマイノリティを特別扱いしコミュニティ間に不平等と不和を持ち込む“pseudo-secularism（擬・世俗主義）”で、対して自分たちのそれこそがすべての宗教を等しく扱う「真の世俗主義」だという論理である。いうなれば、左派と右派の間でこの語彙を用いる正当性の奪い合いが生じているのである。いったいインドにとって、そして南アジアと世界にとって、「セキュラリズム」という語彙は何を意味しているのであろうか。

二　パキスタンと「セキュラリズム」

筆者が最初に南アジアにおける「セキュラリズム」という語彙の重要さと複雑さを強く感じたのは、二〇〇五年六月に、パキスタン訪問中のアドヴァニBJP総裁(当時)が、ムハンマド・アリー・ジンナー(一八七六―一九四八)の墓を訪れた際、彼を「セキュラー・パキスタンの理念を奉じた偉大なる人物」と称え、激しい議論をまきおこした時である。アドヴァニの真意は明らかでないが、政権を取り戻し自らが首相になる可能性を意識し、広い層に訴えようとしたのではないかとの意見は比較的一般的である(Engineer 2005)。急進的なヒンドゥー・ナショナリストとされてきたアドヴァニが――実際に本人がそれを意図していたかはさておき――さらに幅広い支持を得る上で、ジンナーをセキュラリストと認め称えることは有効であったと、多くの人が考え得たということである。

インドとパキスタンの分離を決定づけた二民族論を唱えた、パキスタンの「建国の父」ジンナーが、実は極めてセキュラーな政治思想を持っていたという指摘は広くなされている。パキスタンが、ただムスリムが多数を占める「ムスリム国家」か、シャリーア(イスラーム法)に基づく政治と社会を目指す「イスラーム国家」かは、パキスタン内外で、常に大きな、また難しい問いとなってきた。この二つの方向性の間での揺らぎは、パキスタンの国名にも現れている。一九五六年の憲法制定でパキスタン・イスラーム共和国となったのち、一九五八年のアユーブ・ハーンのクーデター後に「イスラーム」を削除、一九六二年の憲法改正でもパキスタン共和国となったが、翌六三年の修正で早くもパキスタン・イスラーム共和国に戻り、七三年憲法でもこの名称となった。実際には、この二つの方向性はわかりやすく対立するわけではなく、セキュラーな国家像を志向する人もこの国家の成り立ちにおけるイスラームの精神の意義を無視することは困難であるし、イスラーム国家を語る人にも、さまざまな方向性やグラデーションがありうる（井上・子島 二〇〇四）。しかしその中で、建国の父ジンナーがセキュラーな国家像を描いていたことは多くの者が合意するところである。

ジンナーがセキュラーな国家を目指していたとされる根拠の一つが、一九四七年八月一一日の制憲議会議長就任演説である。ここでジンナーは、印パ分離を批判する人があるが、これが不可避な、唯一の選択肢であったと強調した上で、以下のように語った。

みなさんが過去を変え、互いにどのコミュニティに属しかつてどのような関わりがあったかにかかわらず、また肌の色やカーストや信条にかかわらず、一にも二にも、ただこの国の市民として、等しい権利と義務を持つと考えてともに働くならば、この国は限りなく進歩してゆくことでしょう。〔略〕みなさんは自由です。このパキスタンにおいては、寺院にいくのも、モスクにもいくのも、ほかのどんな礼拝の場にいくのも、自由です。どんな宗教、カースト、信条に属していてもよいのです——それは国家の運営とはなんの関係もありません。〔略〕我が国は、コミュニティ間の差別や区別のない、カーストや信条による差別のない時代に、今始まるのです。我が国は、この根本原則の上に始まります。すなわち、我々はみな一つの国家の市民、平等な市民だということです。〔略〕我々は今、この原則を理想として掲げ、ついにはヒンドゥーもムスリムもなくなることを目指します。宗教的な意味でなくなるのではありません、それはあくまで個人のそれぞれの信仰となり、しかし、政治的には、みながこの国家の市民になるということです[3]。

一般に、諸宗教の融和と世俗主義的統一国家の実現を目指したガーンディーに対し、ジンナーはムスリム・コミュニティの利益と保護を重視し印パ分離をもたらした人物と見られる傾向があったが、しかし、政治と宗教の距離感に関して、時に両者はむしろ逆の方向性を示している。独立運動期のヒンドゥーとムスリムの関係が悪化した要因の一つに、第一次サティヤーグラハ[4]運動の頃の、牝牛保護運動とヒラーファト運動の関わりが挙げられる(小谷 一九九三、一二〇—一六六頁、井上・子島 二〇〇四、三六頁)。第一次世界大戦でオスマン帝国が破れ、カリフ制度[5]の廃止の可能性が高まった時、その存続を求める「ヒラーファト運動」がインドのムスリムの間に生じ、非ムスリムインド人にも協力が求められた。ガーンディーはこれに応え、一九二〇年の会議派大会で協力が決議される。一方でヒンドゥーの間では、宗教的アイデンティティの高まりの中、牝牛保護の動きが強まっており、それはムスリムの、特に犠牲祭《イードゥル・アズハー》での牛供儀をめぐる激しい反感や暴力と結びついていたが、この時期、ヒラーファト運動へのヒンドゥーの協力と、牛保護へのムスリムの協力が、あくまで「取引ではない」という建前のもとに成り立つこととなった。これにより両教徒の融和が成り立ち、第一次サティヤーグラハ運動も円滑に進んだが、しかし、第一次サティヤーグラハ運動が一九二二年に終息し、そして同年にスルタン制が、次いで一九二四年にカリフ制が廃されると、両者の協調の軸は失われ、後には、インドの政治に宗教というカードが有効であるという事実だけが残ることとなり、以降、両教徒の関係は悪化していくこととなった。この流れの中で、一九二〇年の段階で、ヒラーファト運動の政治利用は混乱をまねく危険な行為であるとして批判していたのがジンナーであった。つまりジンナーから見れば、ガーンディーこそがコミュナリズムの危険を招いたということになるのである。

独立翌年にはジンナーが亡くなり、その後パキスタンのナショナル・アイデンティティはさまざまに模索されてきたが、その一つの帰結が、一九七一年の、東パキスタン、つまりバングラデシュの独立である。そしてこの国でもまた、「セキュラリズム」という語彙が、大きな意義を持つのである。

三　バングラデシュと「セキュラリズム」

「我々は、歴史的にも社会的にも政治的にもまた経済的にも、排除のない民族《インクルーシヴ・ピープル》であり、世俗的、民主的、多元主義的な民族です。我々は、不正で恣意的な宗教多数派主義を常に退けてきました」

「我が国の政府は、自由のため戦った精神を固く守り、そして我々の社会に、世俗主義と多元主義を打ち立てることを目指しています」

これは、筆者が二〇一三年一〇月一日にダッカで、次いで翌一四年五月二五日に東京で聴いたシェイク・ハシナ首相の演説の一節である。前者は独立に貢献した外国人を顕彰する第七回授賞式、後者はハシナ首相の訪日時にバングラデシュ側の主宰で開かれた、歴代の駐バングラデシュ日本大使ほか、同国と縁のある人物を招いた晩餐会でのスピーチである。(6) その双方で、締めくくりの重要な部分で「セキュラー」「セキュラリズム」の語が強調されていたことに強い印象を受けた。

現在のバングラデシュは憲法上、セキュラー国家であるが、イスラームを国教としており、憲法前文には「慈悲あまねく慈愛深きアッラーの御名において」(Bismillahir Rahmanir Rahim)の文言が記されている。(7) バングラデシュ憲法上のセキュラリズム原則は、一九七二年の成立時に記されたものだが、その五年後には一度削除され、それが二〇一〇年に最高裁判所の決定に基づき回復されて今に至っている。イスラームが国教となったのは一九八八年であり、それは今も変わっていない。結果としてバングラデシュは、「イスラームの理念を奉ずるセキュラー国家」と規定されているといえようが、そこにはさまざまなアイデンティティの揺らぎがあることがわかる(外川 二〇一四、二〇一五)。

バングラデシュの独立運動にはさまざまな要因があるが、その起点は、ウルドゥー語の国語化に抗するベンガル語国語化運動にあると認識されている。つまりバングラデシュは、ムスリムの国としてインドから分離した後、その新国家が提示するアイデンティティをしのぐ「ベンガル・アイデンティティ」に基づいて「ベンガルの国《バングラ・デシュ》」として独立した、いわば相容れない建国の物語が重なってできた国といえる。特に問題を難しくしたのが、パキスタンからの独立戦争の悲惨な記憶である。この問題が、二〇〇九年から始まった独立戦争時の戦争犯罪裁判を機に噴出することとなった。

バングラデシュの政治はパキスタン同様、軍政と民政の間で揺らいできたが、一九九〇年代以降は、初代首相ムジブル・ラフマンの娘であるシェイク・ハシナ率いるアワミ連盟(Bangladesh Awami League: AL)と、第四代首相ジアウル・ラフマンの妻であるカレダ・ジア率いるバングラデシュ民族主義党(Bangladesh Nationalist Party: BNP)がせめぎ合う状態となった。そしてこの二大政党の対立に深く関わるのが、BNPと連立したイスラーム主義政党、ジャマーアテ・イスラーミー(Jamaat-e-Islami: JI)である。一九四一年にインドで創設され、独立後パキスタンの政党となったJIは、バングラデシュ独立戦争時には西パキスタン軍に協力、独立派の弾圧と虐殺に直接にも間接にも加担した。独立戦争による死者は、一〇〇万とも、またバングラデシュ政府の見解では三〇〇万ともいわれる。バングラデシュ独立後、ムジブル・ラフマン率いる新政府はJIの活動を非合法化したが、ムジブル・ラフマンの暗殺後、一九七五年に政権についたジアウル・ラフマンはこれを解除、ここにバングラデシュのJIが成立し、一九九〇年代にはBNPとの連立で閣僚を出すまでになる。これに対し、二〇〇九年に政権に返り咲いたハシナ首相は、選挙時の公約でもあった、独立戦争時の戦争協力者の訴追に着手した。その対象のほとんどがJIのメンバーであり、JIとその周辺からは強い反発が出た。二〇一三年から判決が出始め、死刑の執行も始まるとそれはさらに激化し、その結果、JIの選挙資格が剝奪されるに至った。そしてこの頃から、裁判を支持する若者や「セキュラー」なブロガーや外国人に対するイスラーム武装勢力の襲撃が相次ぐようになった。裁判とJIの非合法化が、結果的にセキュラー勢力対イスラーム勢力という対立図式を鮮明にし、暴力を呼び込んでしまったことは否定しがたい。二〇一六年のダッカ人質テロ事件もこの動きの上に生じたのだった(日下部 二〇一七、外川編 二〇一七)。

本節冒頭に引用したハシナ首相の演説は、まさにこの混乱の最中になされたものであった。ダッカでは、外国人顕彰の授賞式の翌日、外務大臣主催で、受賞者らが独立戦争時の記憶を語る「回想の夕べ」という晩餐会が開かれた。そこで一人の参加者が、戦争犯罪裁判と死刑の執行をやんわりと非難し融和を求める言葉を発した。微妙な空気が流れる中で、独立運動に協力した祖父の代理で出席していた筆者がまったく突然指名され、昼間の文化プログラムで流れたベンガルの歌を知っていると言っていたと聞いたから歌ってほしい、と求められた。なんとかその曲の一番のみ歌ったところ、驚くばかりの反響を受けた。握手を求める人が尽きず、独立運動で夫を亡くしたという女性は、涙を流しながら固く手を握り、しばらく離さなかった。その曲、「アミ・バングラエ・ガン・ガイ」はこう始まる。

私はベンガル語で歌を唄います《アミ・バングラエ・ガン・ガイ》　私はベンガルの歌を唄います
私は自分の誇りをいつもこのベンガル語の中に見出しています
私はベンガル語で夢を見ますし　私はベンガル語で歌の調子をととのえます
私はこのベンガル語の魅惑的な道をこんなにも遠くまで歩いてきました
ベンガルは私の人生の幸せの基であり　ベンガルは私の生命の喜びの源です
私は一度だけでなく幾度も幾度も見ます　そのベンガルの表情を

（プロトゥル・ムコパディヤイ作、奈良毅訳）

戦争犯罪裁判をめぐる緊張の高まりのただ中で行われた「独立戦争の記憶を語る」イベントで、裁判を批判するコメントののちに、偶然にも独立運動の発端でもあるベンガル語とベンガル文化を称える愛国歌が歌われたことで、場の綻びが思いがけず繕われたということであったようにも思われる。同時に、多大な犠牲の上に成り立ち、今も亀裂を抱えるこの国にとって、やはり「ベンガル」の文化的アイデンティティが極めて重く大切なものであることも、強く感じられたのである。[8]

四　南アジアの「セキュラリズム」――語彙の使用を考える

以上に見たように、インド、パキスタン、バングラデシュという、宗教とナショナル・アイデンティティをめぐり相容れない食い違いを持つかに見える三国は、しかしみな「セキュラリズム」という語彙を重視してきたのだった。「セキュラーなインド」に対して「イスラーム主義のパキスタン」が成り立ち、これに対して新たに「セキュラーなバングラデシュ」が成り立ったという単純な構図ではこの三国の展開を把握できないことは、すでに見たとおりである。インドでは、左派だけでなく時に右派も、「セキュラリズム」の語の下に異なる国家像を描いている。パキスタンではイスラームの理念を国家の根本に置きつつも、ジンナー以来のセキュラーな価値観も大きな位置を占めており、その中で多様なナショナル・アイデンティティが模索されている。そしてバングラデシュはパキスタンとインドの双方と差異化しつつ[9]、イスラームの理念を重視するセキュラーな「ベンガルの国」を実現するという複雑な課題の中、さまざまな揺れを抱えている。それぞれに異なる条件と内実、そして相互の緊張関係の中で、しかし常に「セキュラリズム」が重要なテーマとなってきたのである。

南アジアにおいてこの語彙が持つ役割は奇妙なまでに大きい。しかし、この重要な語彙がいつ誰に

における関連語彙出現数

The Times（Gale The Times Digital Archive: 1785–2011）

期間	secularism	secularization	secular	secular state	communalism	communal
1785-1789	0	0	3	0	0	0
1790-1799	0	0	9	0	0	3
1800-1809	0	3	28	0	0	2
1810-1819	0	2	54	0	0	18
1820-1829	0	3	122	0	0	21
1830-1839	0	7	461	1	0	79
1840-1849	0	15	664	2	0	74
1850-1859	5	67	1130	1	0	237
1860-1869	10	69	1480	1	0	212
1870-1879	77	59	2117	8	3	346
1880-1889	45	59	1281	3	2	426
1890-1899	88	63	1673	10	0	350
1900-1909	205	80	2192	17	0	400
1910-1919	47	88	886	7	1	508
1920-1929	42	34	936	7	24	1031
1930-1939	56	45	864	6	42	1802
1940-1949	15	15	455	18	33	1521
1950-1959	26	24	789	41	30	1118
1960-1969	82	31	966	37	26	1333
1970-1979	51	39	1060	41	10	1802
1980-1989	98	51	1454	47	21	2888
1990-1999	133	4	2153	41	11	2714
2000-2009	290	2	2983	105	10	2942
2010-2011	74	0	535	16	3	468
合計	*1344*	*760*	*24295*	*409*	*216*	*20295*

期間	hindu	muslim	islam	India	parliament	election
1785-1789	4	0	0	3692	2489	301
1790-1799	2	1	6	6974	3826	528
1800-1809	12	2	7	5190	2337	1292
1810-1819	8	4	17	6526	3766	2291
1820-1829	18	5	14	11007	9098	4617
1830-1839	41	2	35	15963	17439	11957
1840-1849	24	7	62	24149	21376	11381
1850-1859	60	19	131	34647	23084	12172
1860-1869	127	17	113	39900	28043	15660
1870-1879	197	28	462	40073	27342	17093
1880-1889	146	12	478	45510	38399	23078
1890-1899	656	12	422	44169	35079	24332
1900-1909	673	23	420	39945	34321	23914
1910-1919	627	26	608	40500	29384	19394
1920-1929	1383	70	1414	55399	32281	26074
1930-1939	1829	88	703	66319	31482	23270
1940-1949	974	1296	247	28325	17257	11187
1950-1959	809	2230	511	27952	25207	19281
1960-1969	817	1872	456	25140	27205	22300
1970-1979	795	2012	963	16697	30013	26580
1980-1989	1191	4872	1606	18521	33517	31146
1990-1999	1908	7181	2578	24289	32228	36267
2000-2009	2714	11666	5959	37468	27796	35956
2010-2011	372	1832	995	7821	5093	6694
合計	*15387*	*33277*	*18207*	*666176*	*538062*	*406765*

注：2017年時点の提供データに基づくが，TOIデータベースは2008年まで，The Timesデータベースは2011年までの記事が提供範囲となっている．

表　Times of India と The Times

Times of India（Proquest Historical Newspapers: 1838–2008）

期間	secularism	secularization	secular	secular state	communalism	communal
—						
—						
—						
—						
—						
1838-1839	0	0	10	0	0	0
1840-1849	0	1	101	0	0	11
1850-1859	0	4	99	0	0	2
1860-1869	1	2	65	0	0	6
1870-1879	1	0	283	1	0	37
1880-1889	8	1	302	1	0	50
1890-1899	4	2	179	0	0	54
1900-1909	10	7	371	2	2	224
1910-1919	6	14	400	4	1	825
1920-1929	6	8	340	3	361	4752
1930-1939	8	9	286	4	656	9188
1940-1949	8	5	483	200	407	5395
1950-1959	230	7	964	291	642	2924
1960-1969	714	6	1158	161	738	3583
1970-1979	1012	33	1534	90	615	3238
1980-1989	1215	48	2492	136	1107	6698
1990-1999	2504	51	5702	190	1735	9084
2000-2008	1193	14	3794	125	592	5065
—						
合計	*6920*	*212*	*18563*	*1208*	*6856*	*51136*

期間	hindu	muslim	islam	India	parliament	election
—						
—						
—						
—						
—						
1838-1839	31	1	12	1583	297	89
1840-1849	212	29	67	12218	1803	670
1850-1859	410	38	44	13975	1964	748
1860-1869	246	25	21	28030	794	458
1870-1879	1856	68	304	155077	3457	1669
1880-1889	3374	85	623	250070	6253	4386
1890-1899	1309	54	656	222775	4363	3729
1900-1909	8574	273	1257	329008	6735	6217
1910-1919	14979	1019	2263	356390	9086	7621
1920-1929	23170	6457	3118	431675	9703	14325
1930-1939	29053	22221	2898	585035	8069	18515
1940-1949	16723	18775	1635	391969	6435	11298
1950-1959	15877	9050	2092	567895	18738	26430
1960-1969	11272	7155	1721	538772	17533	22368
1970-1979	10626	9831	2608	540092	17583	29923
1980-1989	15443	15231	3745	676843	17214	32892
1990-1999	22856	21560	5079	950992	21538	48006
2000-2008	18966	15843	5499	1084904	12931	24363
—						
合計	*194977*	*127715*	*33642*	*7137303*	*164496*	*253707*

出典：TOI と The Times のデータベースを基に筆者作成.

よってどのように用いられてきたのかは、意外なまでにはっきりしない。特にインドのセキュラリズムについては多くの優れた研究が重ねられてきたが、しかし、この語彙自体の使用の系譜をたどるものは、筆者の知るところでは、ほぼないように見受けられるのだ。

そこで筆者は、この語彙の使用の展開を問うべく、試行的に、インドを代表する英語紙であるTimes of India（以下TOI）のデータベース（ProQuest 刊）を用い、その secularism の用例を数える作業を行った。発行頻度の変化、記事量全体の拡大、語彙ごとの使用頻度の当然の偏差など、さまざまな要因から、単純に語彙の出現回数だけで利用頻度を問うことはできない。そこでまず、secularism とその関連語彙と、より一般性の高い語彙の双方を、TOIと、イギリスの The Times 紙のデータベースの双方で検索し、一〇年ごとの出現回数から、その頻度の変化を各行内で可視化するなどして比較することを試みた。その結果が前頁の**表**である[10]。

ごく限られた情報であり、留保すべき条件も多いが、まず、一般性の高い語彙に比して、secularism 関連語彙の方に、英印間の出現頻度の展開の差がより大きく見られることは視認できよう。そして、一九四〇年代までのTOI上の secularism 用例はごく少ないこと、secularization 他の関連語彙も同様の印象ながら、secular state の用例は一九四〇年代から急に伸びており、また communal は一九三〇年代にさらに急な増加を見せていることは読み取れる。この一九三〇年代の変化には、一九三二年のコミュナル裁定（マクドナルド首相による、宗教およびカーストによる分離選挙を定める裁定）の影響が推測される。

さらに、電子版のガーンディー全集[11]でも secular 関連語彙を検索してみたところ、secular が五二件、secularism が三件（しかもガーンディー自身の言葉ではない）、secularity が一件、secular state が四件、という結果になり、その用例が極めて少ないことが確認された。secular のみは、比較的早い段階からぽつぽつと用例があり、またその頻度が一九三二―三三年からやや上がったという印象はあるものの、少なくとも彼が、諸宗教が共存する独立インドを構想し語る上で、この語彙を活用した様子は見られなかった。

これだけのデータでいえることは少ないが、しかし、実は独立前のインドでは、さらにいえば独立後のしばらくの間も、この語彙そのものは、さほどの存在感を持っていなかったという可能性は指摘できよう。先に引用したジンナーの、世俗主義の思想を明確に示していると思われる演説でも、実は secular 関連の語彙そのものは用いられていない。インド憲法でもこの語彙自体が用いられたのは一九七六年である。こうして見ると、「セキュラリズム」という語彙それ自体が浮上し、存在感を深めた時期は、想像されるよりも遅かった可能性が高いようにも思われるのである。いつ、いかにして、この語彙が南アジアで社会と政治を語る上での基本語彙となったのか、語彙の用例に着目した研究をより多様な資料を対象に進めていくことで、新たな発見がありうるものと考えている。

五　おわりに――南アジアの「セキュラリズム」から世界の「セキュラリズム」を考える

インドにおけるセキュラリズムの重要性と特異性はしばしば語られてきたが、以上に見たように、インドにとどまらず、南アジアの、特にこの三国の相関の中で、この語彙がどう働いてきたか、具体的な用例に即して捉えなおす作業がさらに求められよう。そして、インドのセキュラリズム論から南アジアのセキュラリズム論への展開は、さらに世界のセキュラリズム論への展開を求める。インドおよび南アジアのセキュラリズムと、他地域、特に西洋のそれとの違いは、これまで繰り返し指摘されてきた。実際、この地域の「セキュラリズム」が、政教分離や非宗教主義とは大きく性格を異にすることは確かである。パキスタンやバングラデシュでは、しばしばイスラームの理念とセキュラリズムが同時に語られうるし、冒頭に引用したモディの言葉には、ヒンドゥトゥヴァとセキュラリズムの共存の構図も見て取れる。インドでは休日の大半が宗教の祭日に由来し、マイノリティの宗教も尊重される社会を印象付けていることや、宗教別の家族法(属人法 personal law)があることも、しばしば指摘されているとおりである。南アジアのセキュラリズムは、宗教性と――時には対立しながらも――深く結びつきつつ展開している。しかしだからといって、南アジアのセキュラリズムが、他地域のそれと別個に展開した別種の概念であるように考えるのは誤りであろう。むしろ、南アジアやその他多くの地域のそれを含んだ形で、世界のセキュラー概念の展開の全体像を捉え返す作業こそが必要であると思われる。近代性と世俗性について、西洋を核にした単一の像ではなく、多元的《マルティプル》な像で捉えるべきだとの議論がなされてきたが(Eisenstadt 2000, Asad 2003)、そこからもう一歩進み、多様な展開が関わりあい重なり合う《オーバーラッピング》総体として捉える試みが進めば、それは、西洋と東洋、伝統と近代、右派と左派、学問と社会などの間にわだかまるさまざまな分断をこえて、広く共有しうる語彙の形成へと結びつくのではないかと期待されるのである(12)。

注

（1）「コミュナル」は字義通りには「共同体の」を意味する形容詞だが、そこから、共同体を単位とする対立・排除に関わる語彙として「コミュナリズム」「コミュナル・コンフリクト」のように用いられる。特にインドの場合は宗教対立に関して用いられる。

（2）ナーガリー表記に基づいて音写すると「ナレーンドラ・モーディー」となるが、本稿では人名・地名等には比較的一般的と思われるカナ表記を用いている。

（3）本稿では、コロンビア大学名誉教授フランシス・W・プリチェットのウェブページ記載の版に依拠した（URL②）。

（4）サティヤーグラハ（真理に留まること）はガーンディーが主導した非暴力・不服従を旨とする抵抗運動方針を示す造語。運動は特に二度大規模に展開し、第一次は、治安維持法の一種、ローラット法の導入に抗して一九一九—二二年に行われた。

（5）ムハンマドの「後継者《ハリーファ》」としてイスラーム共同体を指導する存在がカリフで、オスマン帝国では世俗的権力者である君主スルタンがこれを兼ねるスルタン＝カリフ制となっていた。

（6）どちらも原稿が配布されたため内容を再確認できたものである。

（7）上記の訪日時の演説原稿の冒頭にも、やはりこの文言が掲げられている。

（8）その一方で、非ベンガル人を含む国民統合もバングラデシュの重い課題となっている。この式典でしばしば演じられた文化プログラムでも、ベンガル系と非ベンガル系の演目のバランスが強く意識されていた。また、独立戦争の記憶は国民の痛みと誇りである一方で、初代首相ムジブル・ラフマンの顕彰と不可分なものとなり、ALの強力なプロパガンダの一端ともなっている。「ベンガル」も「独立戦争」も、また「イスラーム」も「セキュラー」も、この国の統合と分裂のどちらにも働きうるといえよう。

（9）バングラデシュ独立にはインドが大きな役割を果たしたが、バングラデシュが単純に反パキスタン・親インドの立場にあるとはいえない。インドとバングラデシュの間には、河川の水配分問題、人とものの移動の管理など、さまざまな問題がある。ヒンドゥーが八割を占める大国インドと国境を接するバングラデシュには、独自のアイデンティティと独立性の確保に関しても、一定の緊張があるといえよう。

(10) The Times は一七八五年創刊、TOIは一八三八年創刊である。TOIは当初は月刊であった。

(11) ガーンディー全集は Gandhi Serve Foundation のホームページ上で提供されているオンライン版を利用した(URL③)。これは一九九九年刊行のCD-ROM版によるもので、この版には誤りやオリジナルの印刷版と一致しない点があると指摘されているが、語彙の利用の度合いについて、一定の情報は得られるものと考えている。以下も参照(URL④)。

(12) この論点は、二〇一八年三月九日に開催されたシンポジウム、Secular Religiosity and Religious Secularity: Rethinking the Asian Agency in the Shaping of Modernity で詳しく論じられた。以下を参照(URL⑤)。

参照文献

井上あえか・子島進 二〇〇四、「パキスタン統合の原理としてのイスラーム」黒崎卓・子島進・山根聡編『現代パキスタン分析』岩波書店。
日下部尚徳 二〇一七、「バングラデシュの現代政治とイスラーム――ダッカ襲撃テロ事件から考える」『シノドス』九月一四日。
小谷汪之 一九九三、『ラーム神話と牝牛――ヒンドゥー復古主義とイスラム』平凡社。
外川昌彦 二〇一四、「バングラデシュにおけるセキュラリズム憲法とイスラーム」『宗教研究』八七(別冊)、および日本宗教学会第七二回学術大会での発表時(二〇一三年九月七日)の配布資料。
外川昌彦 二〇一五、「バングラデシュの国民統合とイスラーム」日本文化人類学会研究大会発表要旨集 二〇一五(0)、E03。
外川昌彦編 二〇一七、『ダッカのテロ事件とバングラデシュの若者たち――その背景とこれからを考える』

基幹研究「アジア・アフリカにおけるハザードに対処する「在来知」の可能性の探求——人類学における
ミクロ－マクロ系の連関2」二〇一六年度ワークショップ。
Asad, T. 2003, *Formations of the Secular: Christianity, Islam, Modernity*, Stanford University Press.
Eisenstadt, S. N. 2000, "Multiple Modernities," *Daedalus*, vol. 129.
Engineer, Asghar Ali 2005, "Jinnah – How Much Secular, How Much Communal," *The Milli Gazette, Indian Mulism's Leading English Newspaper*, July 1–15, http://www.milligazette.com/Archives/2005/01-15July05-Print-Edition/011507200552.htm（二〇一八年七月二〇日閲覧）。

ＵＲＬ

①Narendra Modi answers a question on meaning of secularism - Google+ Hangout（with subtitles）, https://www.youtube.com/watch?time_continue=5&v=PS-nIVAO4o（二〇一八年七月二〇日閲覧。以下同）
②Muhammad Ali Jinnah's first Presidential Address to the Constituent Assembly of Pakistan（August 11, 1947）, *South Asia Study Resources Compiled by Frances Pritchett, Columbia University*, http://www.columbia.edu/itc/mealac/pritchett/00islamlinks/txt_jinnah_assembly_1947.html.
③Collected Works of Mahatma Gandhi Online, *Gandhi Serve Foundation*, http://gandhiserve.org/e/cwmg/cwmg.htm
④CWMG Controversy, *Gandhi Serve Foundation*, http://gandhiserve.org/e/cwmg/cwmg_controversy.htm
⑤*Secular Religiosity and Religious Secularity*, https://panel402773-religious-secular.jimdofree.com/

第2章　上座仏教とナショナリズム
――国家主導の宗教的ナショナリズム

矢野秀武

一　国民や国家の枠に切り詰められる宗教

東南アジアの国々では、仏教、イスラーム、キリスト教など様々な伝統宗教が各国のナショナリズムと深いつながりを持っている。法的・政治的に平等な市民が支えるシビック・ナショナリズムが見られないというわけではないのだが、特に上座仏教圏では、仏教徒とその文化や思想を重視する宗教的なエスニック・ナショナリズムの影響は強い。宗教とナショナリズムの関わり合いと言えば、時代錯誤のイメージや、宗教的信条や戒律に即した実践を、社会の広い領域に厳格に適用することを要請するといったイメージや、そのような社会を打ち立てるために暴力をも用いる過激な集団（後述のマーク・ユルゲンスマイヤーの「宗教的ナショナリズム」の議論はそういった事例が中心となっている）を思い描くかも知れない。もちろん東南アジア社会において、そのような主張がないわけではないが、この地域で見られる宗教とナショナリズムの結びつきの主要なものは、そのような厳格さや過激さとはやや異なる様相を呈している。

例えば、東南アジア大陸部のタイでは上座仏教徒が多く(国民の約九四%が仏教徒で、約四%がムスリム)、仏教の祭日は国民の休日となっており、その日にはアルコール飲料を販売することが禁じられている。寺院の建立費用や修理費用の一部に国からの助成金が使用され、国家行事の際には、僧侶による読経や儀式が行われることもある。また東南アジア島嶼部の国インドネシアでは、国是とされるパンチャシラ(建国五原則)の第一に、唯一神への信仰が掲げられている。ナフダトゥル・ウラマーという有力なインドネシアのイスラーム組織の議長をつとめたことのあるアブドゥルラフマン・ワヒドが、インドネシアの第四代大統領に就任したこともある。とはいえいずれの国も、他の宗教の活動を認めているし、他宗教の中には国に公認された集団もある。また国の政治運営に、宗教的な原則を持ち込むことはあまり見られない。

ただしこれらの国々で重要視される伝統宗教は、古来よりの変わらぬ姿のまま、近代の国民国家とのつながりをもっているわけではない。むしろ、国民国家形成の過程で、宗教そしてそれと連動する民族は形成され再編されてきたのであり、しかもなかには国家主導で伝統宗教の再編が行われてきたケースもある。

そもそもネーション(国民、国家、民族など)やナショナリズム(国民主義、国粋主義、民族主義など)という用語や概念は、言うまでもなく近代になって現れたものである。これらの語は多義的で歴史的にもその意味を変容させてきた捉えにくいものであるが、国境線で区切られた領域とそこで暮らす(もしくはそこを出自に遠隔の他領域で暮らす)人々が主権を持つ共同社会を構成するといったイメージや一体感が基盤にある。ただし国境線のひき方も、何をもって共同体の成員と見なすか(いかなる共通性が重視されるのか）といった基準も多様であり、しかも線引きや基準自体新たに生まれてきた現象である。

例えば、東南アジア諸国では、近代になるまで国境線で区切られた国家はなく、神聖性を帯びた王都を中心に支配力が同心円的に広がり、周辺に行くほどその力が弱まっていくといった、波紋上の国家イメージや統治様式が主流であった。しかも大きな支配圏に複数の小さな支配圏が重なり、さらには大きな支配圏の周辺と他の大きな支配圏の周辺は相互浸透さえしていた（Tambiah 1976, pp. 102–131, Wolters 1999）。上座仏教もまた個別の王国を超えて、パーリ語聖典を共有する圏域でつながりを持ち、また理念的には世界（あるいは宇宙）は唯一の真理である仏教的な普遍的世界観（ただしヒンドゥー教的な要素も含むものであったが）の中にありつつ、地方や村落ごとにも多様性を帯びるものであった。

つまり近代の国民国家形成において、国家や国民・民族のみならず、旧来の統治観念も再編され、伝統的な宗教的諸実践も、他宗教と比較され複数の真理の中で自身の持つ真理の相対的な優越性を示すような「宗教」、あるいはそこからはみ出す迷信や諸信仰として新たに形成・再編されていったのである。

本稿では、このように国家を超えた広がりを持ち、普遍的とされてきた上座仏教の世界観や諸活動が、どのように地域的な限定を帯び、その限定の範囲での相対的な優越性を持つ国民文化としての上座仏教に変容してきたのか、そしてかつての統治観念がそこにどのように関わっているのか、これらについて考えてみたい。ただし、東南アジアに含まれる国は一一カ国にも及んでいるため、ここでは、主にタイを事例として取り上げることとする。まずは上座仏教の概要を示し、さらに、近現代タイの国家と宗教の関係について議論を進めていきたい。

二　上座仏教概要

上座仏教もしくは上座部仏教と呼ばれる仏教は、長老の教えを意味するテーラヴァーダ(Theravāda)の日本語呼称である。約二五〇〇年前にブッダが伝えたその教えは、後の時代に弟子たちによってまず出家者の規則やその由来などに関する「律蔵」がまとめられ、その後ブッダの教えを集成した「経蔵《きょうぞう》」がまとめられていった。さらにのちの時代にこれらの教えを整理し解説する「論蔵」が弟子たちの手で編纂されて、律・経・論のいわゆる三蔵聖典が整えられていった。これらの教えは当初僧侶がそれぞれ暗唱して保持していたが、ブッダ入滅後約五百年経った頃に筆記されるようになったと言われている。その聖典を上座仏教では元来パーリと呼び、それを記した文字をパーリ語と称するようになる。またさらにその後の時代には、これらの聖典についての註釈書(および副註書、副々註書)も記され、教学の伝統が形成されていった。

この聖典に記された教えは、自己や世界を縁起によって生じる無我・無常・苦として捉え、これらの教えを三学(戒学・定学・慧学)といった実践を通じて体得し、輪廻的存在の在り方から脱した涅槃に達した阿羅漢になることを目指すといったものである。いわゆる四諦八正道《したいはっしょうどう》はその教えを整理する一つの方式である。この教えにおける修行とは、自ら行い自らの在り方を常に意識する自己実践が中心となる。しかしそれは、一方で自己と他者(世界)との関係を整える社会実践でもある戒を基礎としており、他方では自己への捉われ自体から解き放たれる脱自の実践が重視される。

このような涅槃を目指す実践は主に世俗社会から離れて修行生活を営む出家者によって行われてきた。上座仏教には、律といった規則を厳しく守る正式な出家者は、成年の男女からなる比丘と比丘尼、および未成年（見習段階）の男女の出家者である沙弥《しゃみ》と沙弥尼から構成される。比丘尼や沙弥尼といった出家修行者の伝統は途絶えているが、近年これを再興した運動も見られる。また比丘尼ではない女性の出家修行者などもいる。

これら出家者以外に、在家信徒の男女である優婆塞《うばそく》と優婆夷《うばい》がいる。在家信徒は、日常生活での宗教的実践として、僧侶や寺院の活動を支える施しの実践などが中心になるが、寺院で五戒や八戒を持して瞑想を行うなどといった一時的な修行に励むこともある。あるいは、一時的に出家する（そのまま出家修行を続けることもある）こともある。

歴史的な変遷から見ると、上座仏教について古代インドにおけるその展開はほとんど解明されていない。現在の上座仏教の系統としてのつながりが文献上である程度明確になるのは、紀元前三世紀のスリランカへの伝播以降である。その後、スリランカ内で諸宗派が生じたが、一二世紀頃にマハー・ヴィハーラ派（スリランカのマハー・ヴィハーラ（大寺）で実践されていた宗派）に統一された。スリランカから東南アジアへの仏教伝播は、おそらく五—六世紀には始まっていたと思われるが、東南アジア大陸部の諸王朝が、上座仏教を明確に国家統治に組み込んでいくのは、一一世紀以降であった。とりわけこれらの諸王朝は、スリランカで正統とされたマハー・ヴィハーラ派を重視し、さらにスリランカで形成された上座仏教王権のモデル（仏教的な世界観・社会秩序の観念を持ち、サンガ（僧侶の集団）を支援し、正法王として正当性を得た国王による統治）を取り入れていった。その後、西洋諸国による植民地時代が始まり、上座仏教が栄えた中心地はスリランカからミャンマーやタイなど東南アジアに移っていった。

以上のように、まず、上座仏教は南アジアのスリランカを中心に、東南アジア大陸部の王朝が取り入れ、この地域に広がっていた仏教であり、この地域にはパーリ聖典を基盤としたパーリ語文化圏、あるいは上座仏教文化圏とも言える、広範な文化的領域が形成されていたのである。この文化圏の仏教は、パーリ語といった共通言語で記した(ただし筆記する文字は多様であったし、それぞれの王朝では異なる言語も使われていた)同じ内容の聖典を教えの基盤とし、しかもマハー・ヴィハーラ派といった同じ宗派の伝統に属すといった共通性を有していた。

しかし、この宗派には(例えばカトリック教会のような)全地域の僧侶を束ねる一枚岩の組織はなく、地域を超えた影響を持つ卓越した宗教的権威者もいなかった。実際には、戒律実践の厳格さや瞑想実践の在り方などの様々な微細な違いからなる、諸流派の複雑なネットワークがおりなす世界であった(林 二〇一一、四六—四九頁)。またその流派によって、在家者が別々の信徒集団を構成するというわけでもなく、在家信徒は村落地域の事情に合わせ、あるいは著名な僧侶や寺院を時折詣でるなど、フレクシブルな実践形態をとっていたのである。

そしてそのような伝統的な上座仏教が、以下に述べるように、国民国家の枠組みの中で再編成されていったのである(ただし、上座仏教文化圏にも近代以前から他宗教の信徒が存在していた。複数民族が共生する王都だけでなく、巨大な支配圏の周辺でも、例えばムスリムと仏教徒の共生する地域などが見られた。(西井 二〇〇一))。

三　タイにおける国民国家の形成と仏教

それではそのような前近代の上座仏教の世界が、近代化の中でどのように変化し、ネーションの枠に即して編成されてきたのだろうか。タイのケースを事例に考察してみたい。

まず近代化の当初、タイは、周囲を西洋の植民地勢力に囲まれていった。一九世紀末には、西方・南方のインド・スリランカ・ミャンマー・マレー地域は英領植民地となり、東方・北方のラオス・カンボジア・ベトナムはフランスの植民地となっていった。そしてこのように列強に囲まれる中で、武力と政治的交渉によってタイの国境線が画定されていった。

このように画定された領域内でさらに仏教改革が行われた。例えば、当初は領域全土に初等教育機関を配置するために、全土の寺院と僧侶を組織化していったのである。これが現在にまで続くタイ国サンガ形成の発端となった。その基盤となったのが、一九〇二年サンガ統治法という国家の法律である(石井　一九七五、一四六―一四七頁)。つまり近代以降のタイのサンガは、僧侶の諸集団全体で自律的に組織形成をしたのではなく、国家の法律によって他律的に実体化された存在なのである。重層的なネットワークによって国家を超えて多様な形で広がっていた僧侶のつながりは、国境線で区切られ、国家政策によって全国組織として再編されたのである。

さらに統一されたサンガ内では、その成員の学習を支援し教学知識の質を高めるために、また徴兵逃れで出家する者などを排除するために、教理学習とパーリ語の学習が制度化され、全国規模での試験が行われるようになった。もちろんそれぞれの村落社会における民衆の仏教的実践はこのような画一化とは直接係わらない面もあるが、どの村の寺院や僧侶であっても、この全国的組織のネットワークに組み込まれ、画一的な教理学習を行うことが必要となっていった。しかもこの教理学習や試験は口頭から筆記の試験にかわり、国民語となる標準タイ語の制定に伴い言語的にも標準化・地域固有化していった（石井 一九七五、一六八—一八四頁）。聖典もそれまで利用されていたクメール系文字のパーリ語ではなく、タイ文字化され、さらにタイ語に翻訳されるといった事業が展開していった。またタイの近隣諸国も同様に、独自の標準語を制定し、言語的な区分線とサンガ組織や仏教学習様式の区分線を重ね、国家別の固有性を帯びた仏教が浮かび上がることになっていった。

なお、そのようなタイの仏教改革を先導する役割を持ったのが、新派のタンマユット派の長であった僧侶ワチラヤーン親王（一八五九—一九二一）であった。タンマユット派は、もともと即位前のラーマ四世を中心に一八三〇年代に結成されたパーリ聖典回帰を基盤とし、タイの古典的な仏教的世界観を批判する改革派であった。そして、親王は国王ラーマ四世の王子であった。

その後一九世紀末のタイでは、近代国家形成のため国王を中心とした国民国家の建設が進められていった。例えば、タイの国是として民族・宗教・国王の三つの存在が重視されるようになる（宗教はタイ語でサーサナーという用語が用いられているが、これは元来仏教の教えを意味する用語であった。チャートは民族であり国民でもある、いわば民族的政治共同体といった意味合いを持つ言葉である）。これは、ラック・タイ（タイの基盤、タイ的理念）と呼ばれ、今日でも至る所で見聞きする理念となっている。

憲法にも、このラック・タイの理念は記されており、宗教とりわけ仏教の護持は国民の義務ともなっているのである。なお憲法の規定においては、国王は仏教徒であることが明記され、加えて国王は宗教（諸宗教）の至高の擁護者であることが述べられている。つまり宗教とりわけ仏教というものは、民族的政治共同体の社会秩序を築く道徳的な基盤であり、それは公的な精神的文化であり、タイを近代国家とする文明的かつ固有の価値という意味合いを持っているのである。国王はそのような宗教に対する至高の擁護者という役割を持つことになる。この意味での宗教とは、個々人の自由な信仰に根差した精神的営みというものではなく、国民を構成する民族的な帰属単位であり公的な価値を持った宗教なのである。上座仏教の国家を超えた広がりは、こうしてタイという領土の中に切り詰められ再構築されたうえで尊重されるようになっていった。

しかし、他方で個々人の信仰や信念の自由も、近代国家としてのタイは当然認めている。信教の自由に関する規定は、先の国王に関する宗教規定とは別の規定として設けられている。いわば、タイにおいては、私的な宗教と公的な宗教の二重の宗教概念が併存していると言ってもよいだろう。仏教は諸宗教の中で相対化された個人の信仰としても捉えられるが、他方では他の宗教に相対的に優越した、公的でタイ的なものとして捉えられてもいる。

このような民族的政治共同体の基盤となる公的な宗教は、国公立の学校において必修科目の対象と定められている。仏教・イスラーム・キリスト教・ヒンドゥー教・シーク教の諸団体が国家に公認されており、形式上はこれらの宗教について選択して学校の授業で学ぶことはできるが、実際には、大多数を占める仏教か、もしくは南部地域やそれ以外の地域のムスリム集住地域を中心にイスラームの学習が選択されることになる。

例えば仏教の授業においては、小学生から高校生まで、教理やタイの歴史と仏教の関係などを学ぶ。ただし、涅槃や悟りなどについて詳しく学ぶというよりは、道徳や慣習的儀礼の作法として仏教を身に着けるよう教育がなされている。しかもタイにおける仏教の歴史は、タイの歴代国王との関連で捉えられている。近隣国のミャンマーやカンボジアなどの上座仏教への言及は少ない。また近年では、仏教的な道徳実践の模範的人物として、タイの王族が取り上げられるといった状況も見られる。

四　宗教的ナショナリズムと世俗主義批判

以上、タイを事例に上座仏教の近代における変容過程を簡単に追ってきた。そして、ここに見られる事例は、国家を超えて多様なつながりを持っていた仏教の世界が、国家領土内の組織化、言語の標準化、学習様式とその内容の画一化、公的宗教化など、多様な側面において国民国家の枠に再編される事態であった。しかも王族を中心とした国家がその再編に主導的な役割を担い、言わば国家主導の宗教的なナショナリズムが形成されていく過程であった。このような事例は、以下に述べる「宗教的ナショナリズム」論として注目を浴びたユルゲンスマイヤーの議論とはだいぶ異なる。

ユルゲンスマイヤーは、「宗教的ナショナリズム」として主に一九七〇年代末以降の現象に注目し、伝統的な宗教の理念によって西欧的な政治文化に対抗しようとする運動を取り上げている。しかし、本稿でも示してきたように、タイなどの国では、二〇世紀初頭から宗教とナショナリズムのつながりは展開している。また同様に、戦前の日本の体制も、一種の宗教的なナショナリズムを帯びていたと見なすことは可能だろう。

加えてユルゲンスマイヤーの注目した運動の多くは、過激な活動にも結び付くような運動であり、その多くは少数派の運動であった。そしてその運動が対抗する国家の政治体制を世俗主義と見なし、これを宗教的な伝統に基づく政治、伝統宗教の道義的な正統性を得た政治・政治家・国家に変えていくことを求める運動とされている(ユルゲンスマイヤー 一九九五、一一—一四頁)。

しかし、アジアの国家の政治がどのような意味で世俗主義なのかは、もう少し綿密に考えてみるべきだろう。ユルゲンスマイヤーは上座仏教の宗教的ナショナリズムの事例として、スリランカの過激派JVP(一九八〇年代中頃から過激化した反政府集団)や政治僧の事例を取り上げている。この事例についての彼の説明は、イギリスから一九四八年に独立した後に世俗主義的な国家を形成しようとする政治家たちに対し、仏教僧などの宗教的リーダーたちが対抗運動を組織し、さらにのちにはJVPのような過激な宗教ナショナリズム集団も台頭したといったものである(ユルゲンスマイヤー 一九九五、一三一頁)。このJVPは一九九〇年代に勢力を弱めていくのだが、ユルゲンスマイヤーは、その要因として大統領の寺院訪問とその広報の効果や、公的行事に古代スリランカの王たちの用いた玉座の複製に自ら座すなどの出来事を指摘している(ユルゲンスマイヤー 一九九五、一三九頁)。他方で、このような大統領の行為は、仏教を表面的に利用したパフォーマンスだとする、JVPに共鳴的な僧侶の発言も取り上げ、加えてこのような過激な運動は復活するだろうという識者の意見も付している(ユルゲンスマイヤー 一九九五、一四〇頁)。

しかしこの一連の経過は、ユルゲンスマイヤーが整理したように、世俗主義と宗教的ナショナリズムの対抗と言えるのだろうか。実際スリランカ政権の仏教優遇政策は、すでに一九五六年から見られるものであり、一九九〇年の大統領のパフォーマンスもその延長と言えるだろう。そのパフォーマンスは、まさにタイの国王や政治家が行ってきた振る舞いに近いものがある。これをパフォーマンスと見なす宗教的ナショナリズムがあるとすれば、それは世俗主義に対抗しているのではなく、国家の宗教的ナショナリズムに対抗しているのではないだろうか。

この点をもう一度、タイの事例から確認してみよう。タイの現在の政治体制は、王制民主主義とも呼ばれる、王制と民主主義体制の微妙なバランスの上にある体制である。そして王制の正当性の根拠の一つは正法王であるといった仏教的理念に支えられている。そのような複合的な政治体制が可能となったのは、ベネディクト・アンダーソンが述べているように、伝統社会の世界認識が近代社会のそれへと移行することで、ネーションという政治共同体のイメージが可能となったという点と関係がある。つまり、伝統社会の世界認識の基本枠組みであった、現世を超越する神聖なものとのつながりや、観念上は普遍的な広がりといった特徴を持っていた、王国や宗教共同体といった文化システムが力を失い、観念上平等に並ぶ複数存在の一つであり（それゆえ相対化され）、各国民国家の領土の枠に閉じた文化システムへと移行したという点である（アンダーソン　一九九七、三二―六四頁）。先述の仏教の国教内再構築のみならず、タイの王制もまた、超越性・普遍性を弱め、相対化・領土化といった形で再編され、仏教文化志向のエスニック・ナショナリズムの基盤となっていったのである。

つまり、タイの近現代の政治体制は、そしてスリランカの政治様式もまた、世俗主義とは簡単に位置づけられない。そしてそこに見られるのは、世俗と宗教の対立ではなく、西洋的な意味での世俗

（ユルゲンスマイヤーは政教分離的でエスニックな要素を重視しないシビック・ナショナリズムをイメージしているようだ）と伝統的な宗教的政治体制のアクロバティックな共生なのである。

なお、タイにおいても僧侶が政治運動を展開するケースが特に一九七〇年代に多く見られた。しかし、これらの運動は、サンガ組織の統一的な権威によって抑え込まれていった。また二〇〇七年に僧侶たちを中心として仏教の国教化運動（憲法への国教明記の運動）が広まったが、これは王妃の一言で収束することになった（矢野 二〇一七、六六―七〇頁）。タイでもスリランカのような排他的な運動の事例は見られる。しかしそこで生じているのは、世俗主義的な国家と宗教的ナショナリズムの戦いではない。国家の側もまた宗教的ナショナリズムに依拠した政治体制なのである。

五　上座仏教とナショナリズムの今後

最後に、このような国家主導の宗教的ナショナリズムに対抗する可能性や試みについても若干述べておきたい。相対化・領土化された国家主導の宗教的ナショナリズムのくびきから逃れるためには、一つには、宗教集団が自律した組織、特に、国家を超えた集団を形成するといった方法が考えられる。例えば、今日、アセアン共同体構想を念頭に置いた国境をまたぐ仏教者のつながりの模索や、大乗仏教などとのつながりを持つ国際的仏教者の活動なども、上座仏教社会において活発になってきている。しかしそのような超国家的な集団の自律的な組織化が可能かどうかは未知数であり、そのような集団が排他主義的な政治的勢力と化す恐れもありうる。

また宗教的理念を厳格に政治に反映させることを求める少数派の過激な運動も、国家主導の宗教的ナショナリズムに対抗する勢力となりうるだろう。まさにユルゲンスマイヤーの論じた事例がそれであろう。しかもこの現象は、今日、国境を超えて模倣され、つながりつつある。実際、反イスラームを掲げるミャンマーの仏教ナショナリズム集団「９６９運動」の指導者僧侶ウィラトゥ師は、二〇一四年にスリランカを訪れ、同地で反イスラーム運動を行っているシンハラ仏教ナショナリズムの集団ボドゥ・バラ・セーナと会合を持っている(Yifan 2016, p. 251, 255)。

一方で、世界的にも著名なタイの思想家である僧侶プッタタートの仏教解釈などにも依拠しつつ、グローバル資本主義の引き起こす諸問題の解決に、国家やナショナリズムから距離を取りつつ取り組むといった、仏教者のグローバルネットワークも見られる。例えば、タイの思想家・社会活動家のスラック・シワラックなどによって創設された社会参加仏教の国際的ネットワークであるＩＮＥＢ(International Network of Engaged Buddhists)などがそれであるが、各国の政教関係に大きな影響力を持つという状況には至っていない。

いずれにしても将来的には、多様なレベルの宗教的ナショナリズムの活動とグローバルな仏教共同体が影響しあい、より複雑な状況の中で、宗教的かつ政治的なアイデンティティの模索がなされることになるのではないだろうか。

参照文献

アンダーソン、ベネディクト　一九九七、白石さや・白石隆訳『増補　想像の共同体――ナショナリズムの起源と流行』NTT出版。
石井米雄 一九七五、『上座部仏教の政治社会学——国教の構造』創文社。
西井凉子 二〇〇一、『死をめぐる実践宗教——南タイのムスリム・仏教徒関係へのパースペクティヴ』世界思想社。
林行夫 二〇一一、「東南アジア仏教徒の世界」奈良康明・下田正弘編編集委員『新アジア仏教史 四 スリランカ・東南アジア——静と動の仏教』佼成出版社。
矢野秀武 二〇一七、『国家と上座仏教——タイの政教関係』北海道大学出版会。
ユルゲンスマイヤー、マーク 一九九五、阿部美哉訳『ナショナリズムの世俗性と宗教性』玉川大学出版部。
Tambiah, Stanley J. 1976, *World Conqueror and World Renouncer: A Study of Buddhism and Polity in Thailand against a Historical Background*, Cambridge University Press.
Wolters, Oliver William 1999, *History, Culture and Region in Southeast Asian Perspectives*, Southeast Asia Program Publications, Cornell University, In cooperation with the Institute of Southeast Asian Studies, Singapore.
Yifan Zhang 2016, "A Comparative Study of Buddhist Nationalistic Movements in Myanmar and Sri Lanka: A Case Study on the 969 Movement in Myanmar and the Bodu Bala Sena in Sri Lanka," *Journal of Liberal Arts*, Thammasat University, vol. 16, no. 2.

第3章　ボスニアにおける宗教共存の伝統

――ポジティブな文化ナショナリズムに向けて

立田由紀恵

本稿の目的は、ボスニア・ヘルツェゴビナ[1]の独特の宗教がナショナリズム形成において重要な役割を果たすことができるという視点を、日本における宗教にまつわる言説と文化ナショナリズムについての考察と比較して整理し直すことである。

ボスニアではムスリム、カトリック、セルビア正教徒の三つの宗教集団が数百年にわたって平和的に共存してきた。その中でどの宗教が主要でどれがマイノリティという感覚はなく、三つの宗教が同等にボスニアの宗教ランドスケープを形成するものととらえられてきた[2]。しかし二〇世紀末に旧ユーゴスラビアが崩壊すると、ボスニアは三年半にわたる戦争を経験し、そこを契機に三つの宗教は様々な意味で社会の中で分断され、政治、社会、経済といった国のあらゆる側面での危機につながっている。国を立て直すためには分断された人々がひとつになることが不可欠だ。

そこでヒントとなるのが、本シリーズ第2巻で星野靖二が論じた日本における宗教理解と文化ナショナリズムについての考察である(星野 二〇一八)。ボスニアの独特な宗教的文化伝統も、ナショナリズムへとつながることができるのではないかと筆者は考える。日本社会ではナショナリズムの発達は懸念すべきことであっても、ボスニアでは歓迎すべき社会変化となるだろう。本稿では日本の例を下敷きとしながら、今後のボスニアにおける宗教とナショナリズムの変容の可能性をとらえ直したい。

一　ボスニアの現状とナショナリズムの発展

ボスニアには従来ムスリム、カトリック、セルビア正教徒の三つの宗教集団が平和共存してきた。スイスのようにドイツ語圏とフランス語圏がはっきり分かれているのではなく、国全体に三つの集団が混在している状態で、ひとつの村に複数の宗教が当たり前のように共存してきた。特に首都サラエボは宗教的多様性でよく知られ、カトリックやセルビア正教徒の教会とモスクが旧市街を中心とする小さなエリア内に存在している様子は、古くから旅行者たちに愛されてきた。

このような平和共存は日本における一般的な宗教理解、特に日本の独自性を優位性として強調するようなものからすると奇異に見えるだろう。一神教とは唯一神という絶対的真実への信仰に基づいており、その絶対的な真実は他の絶対的真実、つまり他宗教への信仰とは相容れない。従って一神教は他宗教と対立する傾向を潜在的に持っており、実際に世界各地で起きている宗教紛争がこのことを証明している。そのような排他的な性質を持つ一神教は世界の安全と平和を脅かすものであり、寛容な日本の宗教伝統から学ぶべきだ、と日本の宗教伝統の優位性を主張する言説は時々見聞きするが、複数の一神教の伝統が対立することなく数百年共存してきたボスニアの事例は、日本の文化ナショナリスト的解釈からずれている。

なぜこのような平和共存が可能だったのだろうか。筆者はボスニアの地理的な孤立がひとつの要因だと考える。ボスニアはその周囲を山や川に囲まれ、政治的にも文化的にも比較的孤立していた。オスマン・トルコ帝国の領土となるまで隣国から攻め入られることもあまりなく、西欧からキリスト教が入った時も、宣教師が引き続き来ることが困難だったためキリスト教の土着化が進み、「ボスニア教会」と呼ばれるかなり特殊な宗教伝統を発展させたと考えられている。このように政治的にも文化的にも安定したまとまりを持ち続けられる環境の中で、ボスニア人はボスニア人アイデンティティを、意識しない状況で保つことができたのではないかと筆者は考える。

もうひとつの大きな要因はオスマン・トルコ帝国のミレット制だろう。イスラーム帝国であるオスマン帝国はキリスト教とユダヤ教を「啓典の民」、つまり同じ神を信じる者として迫害せずその信仰を守った。オスマン帝国は宗教に対する寛容性にとどまらず、宗教共同体を地方自治の単位とし、日常生活上の事項については宗教コミュニティがそれぞれの宗教法をもって自治を行うことを許した。これが「ミレット制」と呼ばれるものである。

自治が約束されたミレット制のもとでは、宗教は互いを警戒する必要がなかった。その頃にはカトリックやセルビア正教もボスニアで定着し、ボスニア教会と共存していたようだ。その中で主にボスニア教会に属する人々だけが帝国の宗教であるイスラームを受け入れていったが、それは決して強制されたのではなくムスリムになることによって得られるメリットのため徐々に自発的に受け入れていったものと考えられる。彼らの改宗はセルビア正教徒やカトリック教徒にとっておそらく他人事であったろう。自分とは別の宗教に属する人々がさらに別の宗教に鞍替えしたとしても、自分には何の関わりもないことだ。ムスリムになっても税制上のメリットなどが増えるだけで、いきなり特権階級となったわけではなく、隣人同士の関係に影響が及ぼされることはあまりなかったろう。こうして三つの宗教が平和共存するボスニア社会の基礎が形成された。

一九世紀後半になると、近代ナショナリズムの流れがバルカン地方にも届いた。特にこの地方の二大国であるセルビアとクロアチアはそれぞれのナショナリズムを非常に強く発展させた。ここで興味深いのは、ボスニアはナショナリズムを発達させなかったことだ。セルビアやクロアチアの場合と何が違ったのかと考えると、先ほど述べたボスニアの地理的孤立による安定があったのではないか。セルビアやクロアチアは中世から王国を持ち、長い歴史を通じてライバル関係にあり、ナショナリズムの潮流の中ではセルビア人、クロアチア人としての意識とアイデンティティを育てる必要があったのだろう。これに対して、ボスニア人にとって自らのボスニア・アイデンティティは安定したものであり、宗教がどう変わっても影響を受けないほどであった。守られているという安心感を持ち続けるボスニア人にとって、ナショナリズムの思想はあまり意味のあるものではなかったのかもしれない。

しかしセルビアおよびクロアチアのナショナリズムはボスニアにも届き、ボスニアのセルビア正教徒とカトリック教徒を巻き込んでいった。それぞれのナショナリズムの主張によれば、ボスニア人も本来セルビア人またはクロアチア人である。そして、セルビア正教をアイデンティティの一部とするセルビア・ナショナリズムはボスニア内のセルビア正教徒を、カトリックをアイデンティティの一部とするクロアチア人はカトリック教徒をそれぞれ取り込んだ。

ここで問題となるのはムスリムだ。もともとボスニア人自身はナショナリズムにあまり関心を示さず、その無関心さのために逆にクロアチア人、セルビア人としてのナショナル・アイデンティティを抵抗なく受け入れていったように思われる。それはセルビアやクロアチアという周囲の国がナショナリズムを先導したからだ。しかしムスリムはそのようなナショナリズムの母体を持たなかったため、三つの宗教集団の中で唯一ナショナリズムの発展から取り残されることとなった。セルビア正教徒はセルビア人、カトリック教徒はクロアチア人と呼称が変わったという以外に社会も人々の意識も変わらず、ムスリムのみがナショナリズムを持たないことは特に問題だと思われていなかったようだ。

この状況は二〇世紀にボスニアが旧ユーゴスラビアの一共和国となってからも続いた。複数のネーションの複合体であった旧ユーゴスラビアでは、国勢調査でネーションを登録する項目があったが、一九六一年までムスリムに該当する選択肢はなく、ボスニアのムスリムは「ユーゴスラビア人」または「その他」と登録していた。一九六一年にムスリムというカテゴリーが「ネーションとしての」という注釈付きで設けられ、形式上ムスリムがネーションのひとつとして正式に成立したが、これはあくまでも形式上のことで、ムスリムはイスラームの宗教集団だという認識が変わったわけではなく、宗教とネーションが並立する奇妙な状態が続くことになった。

この状態が一変する契機となったのは、旧ユーゴスラビアの初代大統領チトーの死去とともに始まるセルビア・ナショナリズムとそれに伴う旧ユーゴスラビア崩壊だ。ユーゴスラビア政府がセルビア・ナショナリズムを推し進めるようになると、他の共和国がそれぞれ独立し、それぞれのネーションのための国民国家を建設していった。

ここで初めてボスニアのおおらかさが裏目に出る。ボスニアというネーションは存在せず、クロアチア、セルビアというネーションはボスニアの外にあったもののムスリムの属するネーションもなかった。独立したクロアチアとセルビアはそれぞれがボスニアを自らのものとして主張し、ボスニアはセルビアとクロアチアに分割され消滅する危機にさらされた。

この状況下で初めてムスリムはナショナリズムを発展させ、自らにボシュニャック人というネーションとしての名前を与えた。この呼称が定着するには国内でも数年かかり、海外では現在でも専門家以外にはほとんど知られてはいない。一九九二年に始まった戦争を報道するにあたり、日本ではこれをセルビア人、クロアチア人、そして「モスレム人」の間での紛争と表現した。現在でもボシュニャック人について言及する時は「ボスニアのムスリム」と注釈を付けなくては通じない。とはいえボスニアのムスリムはようやくセルビア人、クロアチア人に相当するネーションとなり、自らの意思でボシュニャック・ナショナリズムを推進していった。

三年半にわたる内戦は非常に激しいものだった。かつての隣人同士が攻撃し合い、セルビア人が支配した地域から非セルビア人が去り、逆に非セルビア人側にいたセルビア人はセルビア人支配地域に多く移り住んでいった。

停戦合意にあたり、ボスニアは行政的にエンティティと呼ばれる二つの地域に分かれるようになった。ひとつはセルビア人のためのスルプスカ共和国、もうひとつはムスリムとクロアチア人のためのボスニア・ヘルツェゴビナ連邦だ。ボスニアの中央政府は存在するものの、二つのエンティティの政府の方が中央政府より健全に機能している。

大統領制の共和国ではあるが、大統領はセルビア人、クロアチア人、ボシュニャック人からそれぞれ選ばれた三人による輪番制で、強いリーダーシップを発揮し国全体を再建へ導くことよりも、グループ間の権力争いが政治の主目的になっている。連邦政府の機能がムスリムとクロアチア人の間の対立で滞る一方、スルプスカ共和国の大統領ミロラド・ドディクはセルビア・ナショナリズムを煽り、ボスニアからの完全な独立やセルビアとの併合を訴え、非セルビア人からは猜疑心や恐怖心を持って見られている。しかしドディクは長年にわたりスルプスカ共和国のリーダーとして安定した政権を導き、二〇一八年一〇月の総選挙ではボスニア中央政府の三人の大統領の一人として選出された。この総選挙ではいつも通り各ネーションの代表的な政党が概ね勝利した。唯一、クロアチア人の大統領のみナショナリスト政党の党首が敗れリベラルな候補者が当選したが、これは選挙システムを利用してボシュニャック人がその候補に投票したからだとナショナリスト的傾向を持つクロアチア人は抗議している。ＥＵ加盟にあたりこの分断の状況を解決することが条件として求められているが、ＥＵ加盟という大きな目標をもってしても、ボスニアは、ネーション間の政争をやわらげ、政治の主目的を国の再建に向けることができていない。

ボスニアは、政治だけでなく社会も制度的に分断されている。最も顕著なのは教育システムだ。戦後、子どもたちはそれぞれのネーションの学校に別々に通うこととなった。両親のネーションが違う場合はどちらかのネーションを選ばねばならず、ネーションの所属を強制的に明確化させられるのだ。同じ校舎を複数のネーションの子どもたちが使用する場合、休み時間をずらすことによって互いに交流する機会がないようにするという徹底した分断がなされている。こうして、大学に入るまで他のネーションの子どもと身近に接することなく育つのが当たり前になってしまった。接触がない中では互いに対する敵意が育まれないかもしれないが、今まであった分け隔てないひとつの共同体に所属する仲間としての一体感は持ちにくくなったろう。

文化面で大きいのは言語の分断だ。旧ユーゴスラビア時代までセルボ・クロアチア語と呼ばれていたひとつの言語が、現在セルビア語、クロアチア語、ボスニア語、モンテネグロ語の四つに分かれた。言葉そのものは基本的に変化していないが、それぞれの地方の方言の独自性を強調した文法書や独自の語彙を新たに盛り込んだ辞書を作り、別言語としての体裁を整えた。

経済の面でもボスニアは大きな問題を抱えている。現在ボスニアの失業率は四〇%を超え、若者の失業率はさらに高い。能力のある人々は、なんとかして国外に進学または就職しようとする。その結果、ボスニアを再建するために貢献できるだけの力のある人々がいなくなり、無気力や失望はさらに広がっている。

二　ボスニア再建のためのボスニア・ナショナリズム

このような危機的状況を脱するヒントを模索するため、筆者はナショナリズムの概念が有効なのではないかと考える。

ナショナリズムは対立や排他性の元となるネガティブな思想として理解されることが一般的だ。特にボスニアではネーションやナショナリズムという言葉は長年リベラルな人々の間で忌み嫌われてきた。三つの宗教が平和共存する社会は三つのネーションに分断され、そのナショナリズムが国や社会を崩壊へと導いているのだから当然のことだ。

しかし二〇世紀後半以降の欧米でのナショナリズム研究[3]の文脈で、ナショナリズムという用語はネーションを構築する動きやその思想という中立的な意味合いを持つものとして扱われてきた。ベネディクト・アンダーソンが『想像の共同体』で論じたように、ネーションとは太古から存在するものではなく言説としてつくられるものだと、今日の研究者の間では広く理解されている。

いつもボスニア人に強く言われるのは、ボスニア・ナショナリズムというものは存在しないということだ。ネーションとはボスニアにおいてはセルビア人、クロアチア人、ボシュニャック人の三つを指し、ボスニアは自分たちにとって地理的所属以上のものではないと何人かから異口同音に言われてきた。

しかしそのクロアチア人やセルビア人といったネーションそのものが、ボスニア内においては想像されつくりあげられたもので、せいぜい百年程度の歴史しか持たない。それも、クロアチアやセルビアとは本来縁のなかった人々が、ただ宗教が同じという理由だけでクロアチア人、セルビア人というネーションに取り込まれていったのだ。

宗教はネーションがその基礎とする文化マーカーのひとつである。ネーションはどのような集団にも作為的に形成することができるというわけではない。文化や宗教、言語といった何かベースとなるもの[4]が通常は必要となる。言語や文化が共有されているボスニア内でセルビアおよびクロアチアのナショナリズムを成立させるためには、彼らが唯一共有していない宗教がよりどころとなり、宗教のみをアイデンティティ・マーカーとするナショナリズムが生まれた。

ここで星野が論じた日本の例を見てみる。日本の宗教は一言でこれと言えるものではない。そもそも日本に宗教が存在するのかという問いすら生まれる。日本の文脈の中で宗教とは何かを模索する言説そのものが日本の独自性を強調する結果、ナショナリズムを促進させてしまいかねないと星野は懸念する。漠然とした日本独自の宗教性というものが、その漠然とした独特な性質ゆえにナショナリズムを支える基盤となりえているように思える。

同様に、漠然とした独特な宗教伝統をボスニアも持っている。それは宗教という概念があてはまるかという根本的なところに立ち返る独自性ではないが、三つの異なる一神教集団、それも対立する運命にあると思われがちなキリスト教とイスラームを含む三つの異なる宗教コミュニティが、それぞれの信仰を保ちつつ隣人として平和に共存するという、宗教に対して持たれがちな偏見を払拭するような価値のある伝統である。これはボスニア人が誇りとするに十分に足るものだ。

誇りの要素はナショナリズムに不可欠であると同時にナショナリズムを危険にするものでもある。人々が何かに積極的に帰属意識を持つのは、その帰属がポジティブな自己認識を与えてくれる時だ。自分の街や学校、職場に愛着を持てるのは、何かそこにすばらしいと思えるものがある時だ。

自らの属しているところのものをすばらしいと思うのは人間にとって自然かつ重要な感情だが、そこに他者との比較が加わると自らの優位性の主張につながり、閉鎖的、排他的、差別的な自己認識を形成しがちだ。このような自己認識がネガティブな意味で一般に使われることの多い「ナショナリズム」であり、星野が言及する「日本スゴイ」の文化ナショナリズムが警戒されるのは、それがこのような優位性の主張を堂々と繰り広げるからだろう。

自分の所属する共同体への愛着を保ちつつこのような排他的ナショナリズムを避けるためには、他者を否定せずに自己を肯定すればよいだろうと筆者は考える。日本がスゴイと言っているだけで他の国や国内の非日本人を見下しさえしなければそのスゴイの感情は問題とはならないのではないだろうか。むしろ自分の国がスゴイと思えなくなり人々が自分の国に愛想を尽かしている現在のボスニア社会の方がよほど深刻な問題を抱えているように筆者には思える。

三　ボスニア社会の変化と伝統の持続

二〇一八年の春と秋に四年ぶりにサラエボを訪れた筆者は、その観光客の多さに驚かされた。旗を持ったガイドに連れられたツアー客を小さい街中で何度も見かけると、「ヨーロッパのエルサレム」という言葉はそこまでの誇張でもないのかもしれないと思わされた。

ボスニア観光の目玉は、なんと言ってもモスクや教会が狭い中に立ち並ぶサラエボ旧市街だろう。バシュチャルシヤと呼ばれるこの地区は建設されたオスマン期の姿を色濃く残し、石畳と石壁に囲まれた小道にカフェや土産物屋が所狭しと並んでいる。大きなモスクとセルビア正教会およびカトリックの教会が、数分と歩かない範囲に密集している。街がとても小さいため必然的に隣接してしまうのだが、いずれも同じぐらいの歴史を持つ三つの宗教施設が街の中心的な風景を形成しているのは、三つの宗教のボスニアにおける位置づけを象徴するかのようだ。

産業に乏しく経済が危機的状況にあるボスニアにおいて、観光は重要な資源となり得る。また、自分が当たり前のように過ごしてきた街が外国人から賞賛の目で見られれば、その素晴らしさに改めて気付かされるかもしれない。

観光客は二つのエンティティの存在など気にしない。彼らが訪れているのはボスニアというひとつの国であり、彼らが持つガイドブックはボスニアのガイドブックだ。そのガイドブックには三つの宗教の歴史が紹介されている。その歴史や文化の素晴らしさに触れるためやってくる観光客に「スゴイ」ボスニアを商品として売っているうち、その商品を大切にしようという気持ちが生まれるのではと筆者は期待している。

筆者の知るボスニア人はしたたかで現実的だ。戦争中、爆撃が止むと身を隠していた人々が一斉に薬莢を拾いに出てきたという。様々な大きさの薬莢に伝統的な彫金の加工を施し、花瓶やボールペン、傘立てなどにしたものがおそらくボスニアで最も代表的な土産品だ。戦争中に拾われた薬莢が尽きた今は、紛争地域から薬莢を輸入している。爆撃に実際に使われ、焼け焦げの痕がくっきりと見える薬莢の上に描き出された美しい教会の絵を見ると、ボスニアのブラックユーモアに慣れた筆者はためらいなく笑ってしまう。

爆撃に使われた薬莢を商品にしてしまう人々だ。EU加盟のためでなくても商売のためなら三つの宗教間の仲のよさを商品化しようと考えてもおかしくない。観光客の波にまだ戸惑っているボスニア人がこれからこの観光資源とどうつきあっていくか見守っていきたい。

筆者は戦後六年が経った二〇〇一年から一〇年間はほぼ毎年サラエボに通い、その後も数年に一度は訪れてきた。いつも居候させてもらうクロアチア人女性Mさんを通して様々な人と出会い、研究書や報道だけでは見えてこないボスニア人の実情に触れることができた。その中で感じたのは、ナショナリズムの流れがどんなに激しくとも消えずに残っている共存の文化だ。

サラエボ生まれサラエボ育ちのMさんは、サラエボ大学の学生時代からの親友夫婦と今でも親交が深い。その夫婦はセルビア人で、戦争と同時にセルビア側に移り住んだ。その娘はセルビア側の大学を出た後、サラエボに戻って就職し今もサラエボに住んでいる。友人夫婦のうち妻は敬虔なセルビア正教徒信者で、宗教を信じない夫も妻に付き添って毎週教会に通っているという。信仰を持つことも持たないことも、どの宗教に所属しているかということも、戦争を経てなお夫婦関係や友人関係の障壁とはなっていない。

Mさんはサラエボから車で三〇分ほどのところにある村に別荘を持っている。ヨーロッパではよくあるように、ボスニアでも都市部に住む人が山や海辺の別荘で週末を過ごすのは、経済危機に襲われる前までは一般的だったようだ。その村はスルプスカ共和国内にあり、隣人もほとんどがセルビア正教徒だ。二〇一八年一〇月の総選挙の数週間前にそこを訪れると、Mさんは友人と選挙の話をする中で、あるボシュニャック人政治家のことが今一番信頼できると思うと語っていた。スルプスカ共和国でクロアチア人とセルビア人がボシュニャック人政治家について語りながら、バルカン地方の代表的郷土料理である焼きピーマンの油漬けを作るという光景は、「分断されたボスニア」という理解からはなかなか想像できない。

筆者が出会ったごくわずかな人々の話を一般化することはできないが、ナショナリズムの激流に確実に流されているボスニア社会の中でこのような光景が存在するのもまた事実だ。

三つのネーションに分断された社会が以前の平和な多様性を取り戻すのは不可能だと思われたこともあったが、その分断は実は歴史の中のただの一場面に過ぎないのかもしれない。文化ナショナリズム商品がナショナリズムを促進させるのではと危惧される日本の例とは逆に、ボスニアでそのようなナショナリズムが促進されれば社会の立て直しに貢献するだろう。それぞれの国で人々が宗教をどうとらえるのか、それが自国理解や自国への愛着にどのような影響を与えるのか、そして宗教は人や社会にとってどのような存在となるのか、今後も注目していきたい。

付記　本稿は、科学研究費（研究課題番号：16H03356）の助成を受けたものである。

注

（1）以後「ボスニア」と表記する。ボスニア、ヘルツェゴビナはそれぞれ地域の名前であるが、その境界はあいまいだ。また、ヘルツェゴビナはクロアチア人が比較的多いが、地理的境界線がはっきりしないためか、クロアチア人ナショナリズムがヘルツェゴビナをネーションの地理的アイデンティティ・マーカーとして使うことはあまり多くはない。

（2）ボスニアにはユダヤ人もいるが、国内の宗教マイノリティとしてとらえられているため本稿では言及しない。

（3）主な作品にアントニー・スミスの数多くの著作の他、アーネスト・ゲルナーの『民族とナショナリズム』、ベネディクト・アンダーソンの『想像の共同体』などがある。

（4）ベネディクト・アンダーソンは『想像の共同体』の中でこのようなベースを「プロト・ナショナリズム(proto-nationalism)」と呼んだ。

参照文献

アンダーソン、ベネディクト 二〇〇七、白石隆・白石さや訳『定本 想像の共同体――ナショナリズムの起源と流行』書籍工房早山。

ゲルナー、アーネスト 二〇〇〇、加藤節監訳『民族とナショナリズム』岩波書店。

柴宜弘 一九九六、『ユーゴスラヴィア現代史』岩波新書。

ドーニャ、ロバート・J、ジョン・V・A・ファイン 一九九五、佐原徹哉・柳田美映子・山崎信一訳『ボスニア・ヘルツェゴヴィナ史――多民族国家の試練』恒文社。

ハリロビッチ、ヤスミンコ 二〇一五、角田光代訳『ぼくたちは戦場で育った　サラエボ 1992–1995』集英社インターナショナル。

星野靖二 二〇一八、「日本文化論の中の宗教／無宗教」西村明責任編集『隠される宗教、顕れる宗教　いま宗教に向きあう第2巻』岩波書店。

マゾワー、マーク 二〇一七、井上廣美訳『バルカン――「ヨーロッパの火薬庫」の歴史』中公新書。

吉野耕作 一九九七、『文化ナショナリズムの社会学――現代日本のアイデンティティの行方』名古屋大学出版会。

第4章　「解放」後韓国の宗教とナショナリズム
——キリスト教を中心に

川瀬貴也

一　はじめに

一九四五年八月一五日に植民地朝鮮は「解放」されたが、その後の国家建設の歩みは平坦なものではなかった。まずは米ソ両軍に占領され、一九四八年には南北に分裂、その後の一九五〇年からの朝鮮戦争と、苦難の連続であったのは改めて確認するまでもないが、宗教界も植民地状況の終焉後、「日帝残滓の清算」「宗教界自体の再建」をめぐって苦闘を強いられた。具体的には解放直後の「神社の焼き討ち」に始まり、仏教界における日本から輸入された妻帯僧制度に対する反発、神社参拝をしたキリスト教徒といわゆる「出獄聖徒」(投獄されても非転向を貫き、解放後釈放されたクリスチャン)との対立、それに連なる教会の分裂などが挙げられるが、これら宗教界の動きの背後には、「国家建設的」かつ朝鮮民族(韓民族)としてのアイデンティティを回復するという、二種類のナショナリズムを読み取ることができよう。

しかしここで一つ留保せねばならないのは、「ナショナリスト」はもちろん自認する場合もあるが、他者からの評価によって「ナショナリスト」と解釈される場合もある、ということである。例えば植民地時代、神社参拝を拒絶して獄中にくだり「殉教」したクリスチャンが多数いるが、彼らは「愛国心」「民族主義」に基づいていたというよりは、実は保守的、根本主義的な信仰から、偶像崇拝としての神社参拝を拒絶した人々だった（徐正敏 二〇一三、二一六頁）。しかし彼らは、当時の日本の官憲と、その後の韓国の歴史研究において、ともに「愛国者」「民族主義者」として解釈された。そして本稿で触れるが、軍事政権下で民主化運動に関わったクリスチャンを中心とした宗教者は、本人の自意識としては「ナショナリスト」であり、その集会や宣言文には「愛国」「民族」「救国」などの文字が見えるが、当時の独裁政権やそれを支持する保守的な信仰者からは「反民族主義者」「容共主義者」として断罪されたのである。つまり「ナショナリズム」は、どの立場、どの文脈においても、その行為を正当化する役目を担わされてきた、というのが韓国現代史の姿と言えよう。

本稿では、以上のような観点を意識しつつ、解放後の韓国における宗教とナショナリズムの関係を、主にキリスト教の動向を中心に素描していく。

二　キリスト教と韓国現代史

越南クリスチャン――保守性の淵源

植民地時代から朝鮮半島では、主にアメリカの宣教団が中心となってキリスト教が布教されていたが（長老派とメソジストが主流）、平壌を中心とした現北朝鮮領にも多くの教会やミッションスクールが存在した(李省展 二〇〇六)。しかし、解放直後、北緯三八度線以北はソ連の、以南はアメリカ軍政庁(GHQ)の管轄下となり、徐々に北側の教会やクリスチャンは圧迫を受け、多くが南側に逃亡してくる、という事態が生じた(長老派信者は、平安道《ピョンアンド》、黄海道《ファンヘド》に多かった)。このように宗教的自由を求めて南へ来た人々を「越南宗教人」と呼ぶが、その一派である「越南クリスチャン」たち(一九四五年から五三年の間に越南したプロテスタント信者はおよそ七万から八万、カトリック信者は一万五千から二万人と推定される)は、韓国宗教界に人的資源を供給したにとどまらず、現代に繋がる韓国宗教、特にキリスト教の成長と基本的性格の形成に多大な影響を与えた。すなわち「保守的な信仰」「宣教師主導の信仰」および「反共主義」(一九三〇年代に共産主義が朝鮮半島に流入したときから、教会はそれに対抗する姿勢を鮮明にしており、それが圧迫に繋がった)という特徴は、今現在の韓国教会にも継承されている。

これは一九四八年の独立以降の韓国政府の国是とも一致し、越南クリスチャンを中心とした韓国キリスト教会は、基本的に「親米反共」を掲げる政権に協力したのである。凝集力の強さを誇る彼らは迅速に教会や政治活動団体を設立していき、米軍政庁からの「特恵」として、戦前の日本の宗教団体の土地を払い下げてもらいそれを教会の基礎とし、朝鮮半島に再入国したアメリカ宣教部の支援を仰いだ。彼らの一部は解放直後から李承晩《イスンマン》を支持して秘密裏に米軍政庁と連絡を取るなど、大部分が親米主義者であり、最も有力な「反共勢力」であった。越南プロテスタント信徒で最も積極的に反共運動に乗り出したのは、青年と学生団体であった。彼らは武力闘争も辞さず、英米ソの信託統治に反対する「反託運動」や「反共建国」をスローガンに活動した。三八度線以北のカトリック教会も、司祭や宣教師が収監・処刑されたり、土地改革によって土地を没収されたりなどして多くが越南し、カトリック教会の指導者は反共・反革命の姿勢を明らかにしたが、プロテスタントほどにはアメリカとは協調せず(これはアメリカ留学経験者が少なかったことによる)、社会的な運動は起こさなかった(韓国宗教研究会編　一九九八、四〇四―四〇九頁)。

韓国の初代大統領はクリスチャンであった李承晩だった。彼は側近に自分と同じようなアメリカ帰りのクリスチャンを重用した。解放直後から、GHQによって、英語を話せる彼らは重用され、李承晩はその彼らをそのまま高級官僚として自分の手足とした。国会議員も同様で、例えば一九五五年の第三回総選挙において、当時のプロテスタント人口は総人口の四・六五%とされるが、国会議員のなかでは一八・七%を占めるなど、当時のプロテスタントが権力に近い地位を占めていたことが判る。実は一九七〇年代までは、プロテスタント人口は一〇%を超えることはなかった(姜仁哲　一九九六、一七七―一七九頁)にもかかわらず、李承晩政権は一九五五年にクリスマスも公休日と制定するなど、「親キリスト教」的な性格を隠さなかった。プロテスタント教会も、その「恩恵」を享受する形で、一九六〇年に不正選挙に抗議するデモによって李承晩政権が倒壊するまで、政治的腐敗に無関心な態度をとり続け、布教と自身の教会の拡大だけに傾注し、社会的問題への関心は低かった(浅見・安二〇一二、一一四頁)。

さて、一九五〇年に勃発し、五三年に休戦となった朝鮮戦争は、朝鮮社会に大きな爪痕を残した。人的、物的被害はもちろんのこと、朝鮮人民軍は占領地域において土地改革などの「民主改革」を断行し、地主や「民族反逆者」と認定した者を人民裁判にかけ、多くの人が処刑された。しかし国連軍と韓国軍が人民軍を追撃し朝鮮半島の南半分を奪還した後、人民軍に協力した者を処罰し、社会の分断は深刻なものになり、左翼・進歩派が根こそぎ除去され、李承晩の独裁が正当化された(糟谷・並木・林 二〇一六、二六〇―二六二頁)。朝鮮戦争において教会がこうむった被害も甚大なものであった。元々存在した李承晩政権とプロテスタント教会の癒着関係は、朝鮮戦争を通じて鼓吹された反共イデオロギーと、戦争で越南してきた教会関係者によって再強化されたのである(盧吉明 二〇〇五、二四三頁)。

軍事政権下でのクリスチャン——民主化闘争

一九六一年五月一六日のクーデタにより、朴正熙《パクチョンヒ》の軍事政権がスタートするが、その軍事政権下でもキリスト教は勢力を伸ばし続けた。これには産業化にともなう急激な都市化が影響していると分析されている。大都市部において教会は林立し、一部はメガチャーチと呼ばれるほどに成長した。汝矣《ヨイ》島《ド》純福音教会(1)を代表例とするメガチャーチは、「癒しの業」を中心とした大衆的な霊性運動を行い、政権と対峙することは少なかった。ただ、この軍事政権はそれまでの政権と違い、伝統宗教に肩入れし、新宗教を従属させ、それまで築かれてきたキリスト教のヘゲモニーを瓦解させたが、それでもプロテスタント教会は政権に対抗するよりは政権にすり寄る姿勢を示した。軍事政権は、クーデタ直後に「宗教団体登録法」(宗教団体の国家による承認の必要と、教団内情の把握が強化)および「国家保安法(改正)」「反共法」を発布し、この治安立法により民主化運動は取り締まられることになった。特に宗教団体へは、対仏教政策に顕著であったが、内紛に乗じて介入し、その社会的影響力を削ぐ、という方針が採られた(盧吉明 二〇〇五、二四九―二五七頁)。

朴正煕はクリスチャンでもなく、かつての李承晩のようにキリスト教に好意的ではなかったが、一九六八年の朴正煕政権時に「国家朝餐祈禱会」というキリスト教の儀式が年中行事とされ、これは今現在も継続している。これは元々クリスチャンの議員の集まりに大統領も出席するようになったものであるが、保守的なキリスト教指導者たちは政権との関係を深めようとし、一方朴大統領はプロテスタント教会の対米交渉力に期待し、キリスト教会を政治利用しようとしてこの集まりに出席したのである(浅見・安 二〇一二、一二一頁)。

しかし、韓国キリスト教が、一部ではあるが政権に対して初めて公式に反対の立場を表明したのはこの政権下であり、そのきっかけは「日韓国交正常化問題」であった。植民地支配の責任や賠償を曖昧にしたままの国交正常化(一九六五年六月)は広範な反対運動を招き、クリスチャンの一部もそれに合流した形となった。同年七月には多くの牧師が参集し日韓条約批准反対の声明を発表し、「救国祈禱会」を催したのである。またこの時期は、韓国軍がアメリカの要請でヴェトナム戦争に参戦したが、韓国教会は「反共」を掲げてその参戦を支持した(閔庚培 一九八一、四四九―五〇〇頁)。そして朴正煕政権が改憲を伴う長期政権化を進める中、韓国キリスト教(主にプロテスタント)は、保守的で多数派の親政権陣営と、進歩的で少数派の反政権派に二分され、この少数派による「民主化運動」が本格的に始まった(徐正敏 二〇一三、二二一頁)。以下に引用する「一九七三年韓国キリスト者宣言」は、民主化闘争の代表的な宣言文である。

韓国の現在の統治勢力は、良心の自由と信仰の自由を打ちこわしている。表現の自由はいうに及ばず、沈黙の自由さえない。キリスト教会は礼拝、祈り、集会、説教内容、聖書の教えにおいて不当な干渉と抑圧を受けている。〔略〕

ここにわれわれキリスト者は具体的につぎのような三項目の行動を宣布し訴える。

(1) 一九七二年一〇月一七日以後、国民の主権を全的に無視して制定された法律、命令、政策または独裁のための政治的手続きを、われわれは韓国国民として断固拒否する。この地に民主主義を復活させるために、あらゆる形態の国民的連帯を樹立しよう。

(2) この戦いのために、われわれキリスト者は神学的思考と信念を深め、信仰的姿勢を明らかにし、虐げられて貧しい人々との連帯を強化し、神の国を宣布する福音を広く宣べ伝え、また神のみ言葉に立って祖国のために祈ることによって教会を革新しよう。われわれは、われわれの先達たちが歩んできたいばらの道を想起しながら、必要ならば殉教もいとわない信仰の姿勢を確かめねばならない。

(3) われわれは、世界教会に向かって、われわれのために祈って下さることと、われわれとの連帯感をますます鞏固なものにして下さることを訴える。世界のキリスト者たちが、われわれに対する激励と支援を通して、キリストによる共同の紐帯を確認し続けて下さることを願う(韓国問題キリスト者緊急会議編 一九七六、二七―二九頁)。

この宣言文は匿名の「韓国キリスト教有志教職者一同」という名義で行われたが、実は大多数のクリスチャンの意見を糾合したものではなく、この宣言文を発表したグループ(韓国キリスト教教会協議会(2) The National Council of Churches in Korea: NCCK)と対立する多数派は、このような宣言や宣教活動を「非愛国的」で「容共的」だと非難し、朴正煕の三選を許す改憲と維新憲法を支持した(朴炯圭 二〇一二、二六三頁)。

この時期のキリスト教内部の動きで注目されるのは、韓国の神学において「民衆神学」の流れが形成されたことである(安炳茂 二〇一六、徐南同 一九八九)。この神学はその名の通り、民衆の状況、伝統、そして歴史の主体としての立場を尊重し、社会的不正義や格差、政治的弾圧に対抗するもので、南米などにおける「解放の神学」ともよく比較され、現在では韓国のキリスト教の土着化の一つの成果として評価されている。実は、この神学の流れを推進したのは、一人の労働者の自殺であった。一九七〇年に、二二歳のクリスチャンであった労働者全泰壱《チョンテイル》が、余りにも過酷な労働環境に対し抗議の焼身自殺をした。この事件は労働問題とキリスト教信仰が強く結びつけられるきっかけとなった。そしてこの後の民主化運動、労働運動で彼は一種の「殉教者モデル」と見なされた(真鍋 一九九七)。そしてこの民衆神学を主張した牧師たちの多くが弾圧、投獄などの憂き目に遭ったが、そのような聖職者はその後も陸続と続くことになる。

韓国のカトリック教会が社会的な動きを見せるのは、李承晩政権崩壊後、特に一九六二年の第二次ヴァチカン公会議以降である。一九六〇年の李承晩政権に対するデモを支持、支援し、デモ犠牲者の追悼ミサも明洞《ミョンドン》聖堂で挙行された。そして教会や聖職者の社会参与は世界的な流れにあり、正当なものであるとの立場を表明した(趙珖 二〇一〇、二六一―二六七頁)。一九六二年に韓国は独立した正式教区として昇格し、韓国カトリック教会にとって一大転機となった。ヴァチカン公会議でのさまざまな議決により、各国のカトリック教会が社会問題の解決や民主化、他宗教、特にプロテスタント教会との対話を推し進めた。また、平信徒の運動を活性化させ、「カトリック労働青年会」「カトリック農民会」などを組織し、これが一九七〇年代以降の民主化運動、人権運動の大きな土台となった。ほぼ同時期にプロテスタント側は「都市産業宣教会」を組織した。これらの組織は、以後、韓国社会において民主化運動を展開した重要なパートナーとなった（徐正敏 二〇一五、一二三頁）。

一九六九年には金壽煥《キムスファン》ソウル大司教が韓国人初の枢機卿に任命され、彼の言動が韓国社会内でも大きな影響力を持つようになった。金壽煥枢機卿は軍事政権を批判するメッセージを絶やさず、原州《ウォンジュ》教区の池学淳《チハクスン》司教は朴政権が公布した「維新憲法」を批判した「良心宣言」を一九七四年に発表し（韓国問題キリスト者緊急会議編 一九七六、一四六―一四七頁）、のちに逮捕、起訴された。ほかの司教たちも「天主教正義具現司祭団」を結成し、さまざまな声明を出し、民主化闘争の一翼を担った（その一方で、「救国司祭団」という政治権力に対する抵抗を無力化しようとするグループも存在した）。一九七六年三月一日には「三・一民主救国宣言」が明洞聖堂で発表された。韓国カトリックの総本山である明洞聖堂が民主化の聖地とされたのはこのような教会の動きに由来する。のちの全斗煥《チョンドゥファン》政権時の一九八七年六月には、民主化デモ隊の三〇〇名がこの明洞聖堂に立て籠もり、政府は学生たちの引き渡しを要求したが、金壽煥枢機卿はこれを拒否した。このようにカトリック教会は、朴正熙政権から全斗煥政権にかけて抵抗姿勢を顕著にした。これは他の教団よりも世界的に強い連帯が期待できた、という特性からであろう。

三 キリスト教会の変化と、保守性への告発

「親北クリスチャン」の活動――南北統一運動

一九七九年の朴正熙暗殺の後にクーデタで誕生した全斗煥政権は強圧的な独裁体制を継続し、民主化運動は「光州事件」という悲劇まで生んだが、各方面の民主化運動が途切れることはなかった。この節では、特に北朝鮮との対話、そして「統一」を目指す運動に深く関与したクリスチャンの事跡を概観しよう。

朝鮮半島が南北に分断されて以降、一九八〇年代に至るまで、民間の組織的な平和統一運動はさまざまな法律による規制と強権的な政権のもと存在し得なかったが、八〇年代になると、進歩的なプロテスタントのグループである韓国キリスト教教会協議会が先頭に立ち、活動を開始した。ちなみに他宗教を概観すると、仏教は一九八〇年代末から活動を開始したが、正式な組織を発足させたのは九八年であり、カトリックの場合、公式組織として「民族和解委員会」を発足させたのが九五年、その他天道教などの新宗教(韓国では「韓民族自生の宗教」の意味で「民族宗教」と呼ぶ場合も多い。この呼称にも文化的ナショナリズムを看取することができる)も八〇年代後半から南北交流を推進している。

一九八〇年代の第五共和国期の韓国政府の見解としては、平和統一政策においては北朝鮮を事実上の国家と見なしつつも、憲法や国家保安法においては不法な反国家団体と見なすというダブルスタンダードを用いていた。進歩的なプロテスタントの一派は南北の「民族共同体」としての性格を強調し

たが、これはそれまでの反共一辺倒だったプロテスタント教会の「北朝鮮認識」の変化の一つであった。[3] この変化の理由としては、「光州事件」のような悲劇の経験や、一九七〇年代において行われてきた「産業宣教」や「貧民宣教」が「容共的行為」としてたびたび弾圧を受けていたこと、世界的なキリスト教会の平和運動の影響をあげることができる。また先述した「民衆神学」の聖職者たちは、民主化により平和的統一を目指す民族救済は、世界平和への過渡的な過程と位置づけ、そこでは排他的な民族主義は拒否されていた。このような動きは当然政府に妨害されたが、冷戦構造の崩壊と文民政権への移行とともに、例えば一九九五年の北朝鮮水害復旧支援など、その活動の領域は広がっていった(李鎔哲 二〇〇七)。

保守的キリスト教に対する告発

これまで見てきたように、韓国のキリスト教は一方で親米反共という国是に忠実な一派(多数派)が存在し、その一方で民主化運動の核になったという二面性がある。近年では冷戦・軍事独裁政権下での政権寄りだった姿勢や、その延長線上にある現在の教会の保守性に対する、いわば「告発」と言える流れが存在する。以下ではその概略を紹介する。

韓国にも憲法に政教分離規定が存在するが、李明博《イミョンバク》大統領(在任二〇〇八—一三年)は、自身が教会の長老を務めるほどの篤信者でもあり、親キリスト教的な姿勢を隠そうともしなかったので、仏教界から批判を浴びるなど、保守的なキリスト教と政治の結びつきが再び注目された。これは金大中《キムデジュン》、盧《ノ》武鉉《ムヒョン》政権と、二回続けて革新的陣営が大統領選に勝利したことへのバックラッシュとも言える現象でもあった。

保守的なプロテスタントは「韓国キリスト教総連合会」という組織を一九八九年に結成し、先述の韓国キリスト教教会協議会と対立しながら、多くの社会的問題に対して保守的な政治見解を表明してきている。この組織は、金大中と盧武鉉政権の対北朝鮮の「太陽政策」を批判し、李明博政権の誕生にも大きな貢献をした。このようなキリスト教信仰に対し、崔亨黙《チェヒョンムク》は「経済的成長を信仰の成就として認識する現世主義」「他者との相互作用よりも一方的な態度を固守する自己中心主義」的なものと批判している（崔亨黙 二〇一三）。例えば、二〇一一年のソウル市長選挙の際に、メソジスト教会のある指導者が、候補者であった朴元淳《パクウォンスン》（二〇一八年現在市長）に対して「サタンに属する人間がソウル市長になったらどうするのか」と述べたが、これはその牧師が朴元淳を「親北主義者」と見なしたからである。このように保守的なキリスト教徒が、敵対する者に対して排他的な暴言を述べるなど（金鎮虎 二〇一五、二二〇―二二三頁）、保守的なクリスチャンの発言にはある意味歪んだ形のナショナリズムが表出されていると言えよう。

近年のＬＧＢＴへのキリスト教保守派のバックラッシュ

近年保守的なキリスト教の運動として注目されるものに、性的少数者（いわゆるＬＧＢＴ）に対するバックラッシュの動きがある。まず、二〇〇七年に「差別禁止法案」が提案されたところから振り返ってみると、この法案では、差別禁止事由として「性別、障害、病歴、年齢、出身国、出身民族、人種、皮膚の色、言語、出身地域、容貌などの身体条件、婚姻の有無、妊娠または出産、家族形態および家族状況、宗教、思想および政治的意見、犯罪の前歴および保護処分、性的指向、学歴、社会的身分等」が提示されたが、保守的キリスト教は「性的指向」という項目に異を唱え、結局彼らの意見が通ってしまった。保守的キリスト教はこの法案が同性愛をけしかけるものと削除を要求したのである（崔亨黙 二〇一三、六一頁）。そして、二〇一八年現在も、この法律は制定されておらず、同性愛的行為を処罰する軍刑法の問題も浮上し、くすぶり続けたままである。

二〇一二年九月には、韓国の公共放送ＫＢＳ傘下のバラエティー専門チャンネルＫＢＳ Ｊｏｙにおいて、「ＸＹ彼女」というタイトルのバラエティー番組に対する反対運動が起きた。この番組は「性的マイノリティ」の問題を取り上げたもので、自らゲイであることをカミングアウトしたタレントが司会者を務めていた。これには放映前から保守的な団体が放送中止を強く要求し、第一回の放映当日には二〇〇以上の保守系団体が連名でＫＢＳ本社前において社長退陣などを要求する激しい抗議活動を行い、その混乱から、二回目以降の放映ができなくなった。この抗議活動の中核の一つに保守的なキリスト教団体もいたのである。同様の抗議活動は同性愛を描いたドラマに対しても行われた(4)。

二〇一四年六月七日には、ソウル市において性的マイノリティの権利を主張する「クイア・パレード」が行われたが、多くの保守系団体によって妨害され、現場は大混乱になった。これにも保守的な信仰を持ち、同性愛嫌悪を前面に押し出すキリスト教の一派が加わっていた。彼らはパレードの前に寝転んで進行を妨害したり「悔い改めよ、天国は近い、同性愛は罪」「子どもたちは健全な文化の中で成長せねばならない」というようなプラカードを掲げたりし、その結果、パレードに参加した世界各国の人々に韓国社会の根強い同性愛嫌悪の存在をアピールすることになってしまった。同年一一月二〇日には、ソウル市で市民と専門家で構成する委員会で制定を目指した「ソウル市民人権憲章」の公聴会が、同性愛反対を掲げる団体によって激しい抗議活動を受け、流会した。その人権憲章の「同性愛差別禁止」に保守系団体が噛み付き、結局この憲章が制定されない（市民有志が自主的に宣言したが、ソウル市は公認せず）という事態に至った[5]。

このような近年の保守系教会の激しい反同性愛運動は、世界中でLGBTの権利が認められる潮流に対するバックラッシュと評せるだろう。しかし、最近急に出てきたものではなく、前述の韓国教会元来の保守的な傾向が刺激を受けて先鋭化したものであろう。もちろんこのような動きに対して、リベラル派からは反発と反省の声が出ている。

四　おわりに

以上、戦後の韓国社会に多大な影響を与えた「マジョリティ」としての保守的キリスト教と、それに対抗する少数派のグループの流れを概観してきた。なお、近年、民主化運動から「転向」して、新自由主義的な世界観を持った「キリスト教ニューライト」と言うべき運動も活発化している（崔・白・金 二〇一四）。

だが、もう一度強調されるべきは、主流派の外にある教会が、主流教会が排除してきた人々（障害者、同性愛者、移住労働者、野宿者、脱北者など）、つまり「不都合な他者たち」とともに生きる教会を形成してきた、という事実である（金鎮虎 二〇一五、二二三頁）。本稿の冒頭で述べたように、ナショナリズムの表出のされ方に関しては、リベラル派も含めて、ある種「錦の御旗」となっていることは否めないが、社会変動(南北関係の変動も含めて)によって、そのような状況も変化するかどうか、今後も見守る必要があろう。

注

(1) 一九五八年ソウルにて趙鏞基《チョヨンギ》によって設立されたペンテコステ派の教会。趙鏞基のカリスマと病気治しにより急激に信者を増やし、一九七三年に現在の汝矣島の巨大礼拝堂を完成させた。二〇〇七年の教勢は、信者数約七六万人である。

(2) 一九二四年に長老派とメソジストが協力して結成した「朝鮮キリスト教連合会」がその前身。解放後の一九四六年に再建され、一九七〇年に現在の名称となった。韓国における民主化運動や宗派間協力を推進するエキュメニカル運動の中心となった。

(3) 韓国キリスト教教会協議会の思想の概要は、一九八八年二月に出された以下の宣言文に現れている。「民族の平和と統一に対する韓国基督教会宣言」(韓国問題キリスト者緊急会議・NCCアジア資料センター編 一九八九、九二—一〇一頁)。

(4) これらのテレビ番組に対しての反対運動の詳細については、韓東賢「韓国・性的マイノリティ番組の放送中止騒動について(2012.10.11)」(URL①)を参照。

(5) この「ソウル市民人権憲章」に関する記事として、「週刊ハンギョレ21「愛国キリスト教」はなぜこうも差し出がましいのか(2014.11.27)」(URL②)を参照。

参照文献

【日本語】

浅見雅一・安廷苑《アンジョンウォン》 二〇一二、『韓国とキリスト教』中央公論新社。
安炳茂《アンビョンム》 二〇一六、金忠一訳『民衆神学を語る』かんよう出版。
李省展《イソンジョン》 二〇〇六、『アメリカ人宣教師と朝鮮の近代――ミッションスクールの生成と植民地下の葛藤』社会評論社。
李鎔哲《イヨンチョル》 二〇〇七、『韓国プロテスタントの南北統一の思想と運動――国家と宗教の間で』社会評論社。
糟谷憲一・並木真人・林雄介 二〇一六、『朝鮮現代史』山川出版社。
韓国問題キリスト者緊急会議編 一九七六、『韓国民主化闘争資料集 一九七三―一九七六』新教出版社。
韓国問題キリスト者緊急会議・NCCアジア資料センター編 一九八九、『朝鮮半島の平和と統一をもとめて』新教出版社。
金鎮虎《キムジンホ》 二〇一五、香山洋人訳『市民K、教会を出る――韓国プロテスタントの成功と失敗、その欲望の社会学』新教出版社。
澤正彦 一九八二、『南北朝鮮キリスト教史論』日本基督教団出版局。
徐正敏《ソジョンミン》 二〇一三、『日韓キリスト教関係史論選』かんよう出版。
徐正敏 二〇一五、『韓国カトリック史概論――その対立と克服』かんよう出版。
徐南同《ソナムドン》 一九八九、金忠一訳『民衆神学の探究』新教出版社。
崔亨黙《チェヒョンムク》 二〇一三、金忠一訳『権力を志向する韓国のキリスト教』新教出版社。
崔亨黙・白賛弘《ベクチャンホン》・金鎮虎 二〇一四、金忠一訳『無礼者たちのクリスマス――韓国キリスト教保守主義批判』かんよう出版。
朴炯圭《パクヒョンギュ》 二〇一二、山田貞夫訳『路上の信仰――韓国民主化闘争を闘った一牧師の回想』新教出版社。
真鍋祐子 一九九七、『烈士の誕生』平河出版社。
閔庚培《ミンキョンベ》 一九八一、金忠一訳『韓国キリスト教会史――韓国民族教会形成の過程』新教出版社。

【韓国語】
姜仁哲《カンインチョル》　一九九六、『韓国キリスト教会と国家・市民社会　一九四五―一九六〇』韓国基督教歴史研究所。
盧吉明《ノキルミョン》　二〇〇五、『韓国の宗教運動』高麗大学校出版部。
趙珖《チョグァン》　二〇一〇、『韓国近現代天主教史研究』景仁文化社。
韓国宗教研究会編　一九九八、『韓国宗教文化史講義』青年社。

URL
①http://synodos.jp/international/1107（二〇一七年八月二八日閲覧。以下同）
②http://japan.hani.co.kr/arti/h21/18905.html

二　世俗・人権・宗教

【争点2】 フランスの共和主義も宗教のようなものなのか？

池澤　優

序論で指摘したように、近代が宗教に対して設定した基本構図はニュートラルな世俗という場の中で様々な信仰を有する共同体が平和的に併存するというものだった。しかし、世俗的な場は実際にはニュートラルにならない。前提が他者危害原則(1)に基づき、何人も自己の信条に従って信仰を自由に選択する権利を有するというものである以上、世俗的な場は宗教にその原則を受け入れることを強制する。宗教の信条が自由主義の原則と異なる場合、世俗社会と宗教の相克が生じることになる。

ただ、自由主義の原則は多くの近代国家に共有されている一方、ニュートラルであるべき公共空間でどの程度私的信仰を露出できるかは、国によって異なる。一般に、英米などのアングロサクソン系では宗教に好意的な政教分離であり、国家が特定の教団を特別扱いしなければ、国家が宗教と関係を持っても政教分離に反するとは見なされない（イギリスの場合、国王は国教会の首長でもあるので、完全な政教分離はそもそも不可能である）。これに対し、フランスではより厳格な政教分離が規定され、公共空間で私的な信仰を顕示する行為自体が政教分離に反するとされる。この体制をライシテと称する。

第二部は、このような公共空間における宗教の位置を扱った五論文を集めた。イスラームと西洋の対立がメディアに大きく取り上げられる情勢を反映して、ヴェール／スカーフの問題を扱った論稿が三つになったが、それにより公共空間における宗教という問題を多角的に示すことができたと考えている。

第5章はヴェール着用を禁止する法律が信教の自由に抵触するか否かが争われた欧州人権裁判所の諸判決を扱う。欧州諸国の政教分離に関する考え方も多様で、人権裁判所はコンセンサスがない問題については各国の裁量に属するとする傾向がある一方、二〇〇〇年代初めからライシテに反する行為は信教の自由には属さず、ヴェールの禁止は認められるという判決が下されることが多くなった。十字架についての同様の裁判では、最終的には国家の裁量の余地として掲げることを認める判決が下された。国家はヴェールを禁止する理由として公共の治安の他に、それが人格の尊厳や男女平等の理念に反することを挙げるが、それはヴェールを着用することを選択した女性を逆に孤立させ、不寛容を促進することが危惧されている。著者は、世俗国家の中でマジョリティの宗教は文化として許容されるのに対し、マイノリティの習俗は宗教のレッテルを貼られ排除される点で、結果的に「多数者の専制」に与するものになっているとしている。

第6章はイタリアのライチタの変容を論じる。ライチタという語は、その発音が示すように、ライシテと同系であるが、フランスと全く異なる含義を有する点が興味深い。イタリアでもライチタが「反教会」というニュアンス(宗教を排した世俗国家志向)という意味を持つことはあったのだが、圧倒的にカトリック信者が多いため、近代国家成立の段階で、憲法でカトリックが唯一の宗教と規定された。一九四八年の憲法は信教の自由をうたったが、同時にカトリックを国教と定めたラテラーノ協定(一九二九年、イタリア政府と教皇庁の対立を解決するために締結された)は有効であり続けていた。この矛盾を解消するために、一九八四年のヴィッラ・マダーマ協約は、国家と協約を締結した宗教団体は一定の特権を享受できる(公認宗教制)と定めた。かくして、イタリアには事実上の特権を享受するカトリック、公認された宗教、公認されない宗教の三種類の宗教が存在することになった。その構造の中で、世俗の原理であるライチタは「国民の歴史的財産の一部」であるカトリックを擁護するものとして機能している。フランスのライシテが宗教を公共空間から排除しようとするのに対し、イタリアのライチタは公共空間における宗教のプレゼンスを保証するものになっているのである。イタリアがフランスと違うのは、歴史的経緯と現状から公共におけるカトリックのプレゼンスを認めざるを得ず、とするなら政教分離の原則に基づいて他宗教のプレゼンスも認めざるを得ず、結果的に宗教に許容的な制度になった点にある。この違いのため、同じく学校の十字架にかかわる裁判を扱いながら、第5章はそれを十字架を認めてヴェールを認めない点に注目し、第6章は宗教を認めるライチタの表れとするのである。

第7章はイスラームにおけるジェンダー論の問題を扱う。一般にイスラームは女性蔑視的な宗教とされ、ヴェールがその象徴とされることが多い。一九七〇年代くらいからイスラームで伝統回帰的な傾向が強まる中で、女性の服装に対する規制が厳しくなったのは事実であるが、むしろ女性たちは自己表現の手段として自らヴェールをかぶり始めたのであった。著者はまず事実のレベルでイスラームは女性の地位と権利を規定してきたことを明らかにし、更に高等教育を受けた女性が増えるに従い、彼女たちはムスリムとしてのアイデンティティを掲げて社会進出を図っていると指摘する。もとより現実のイスラーム諸国に女性蔑視的な慣習が存在することは確かで(但しそれは教義に基づくわけではない)、社会進出を図る富裕な女性の背後に多くの貧しい女性がいる事実も忘れてはならないが、そのような状況の中を懸命に生きる女性たちは、我々の社会の女性と変わることはない。

第8章はトルコにおけるスカーフの問題をトルコのEU加入問題(即ち対欧州関係)やイスラーム主義

的な政党・政権（福祉党→美徳党→公正と発展党）の動きと絡ませつつ論じる。トルコはムスリムが国民のマジョリティを占めるが、世俗国家であることを国是としてきており、本章の議論は第5章と第7章を架橋するものになっている。西欧のトルコに対する見方は、宗教に関する限り、全く価値中立的ではない。つまり、イスラームが非寛容な宗教であるのではないか、信教の自由は存在しないのではないかという疑念が関心の中心であり、そこにはスカーフを着用する女性たちへの目線は存在しない。トルコでスカーフ着用が目立つようになった背景には、イスラーム主義政党の政権下での経済発展と消費文化の浸透があり、スカーフはファッションであると同時にムスリム・アイデンティティの象徴として適当であるという事情が存在した。つまり、宗教と世俗を前近代／近代に対応させて二元的に理解し、近代化が進展すれば必然的に非宗教的になるというモデルは完全に破綻しており、経済発展が進展すればするほど、宗教的象徴が顕著になるという事態が進行しているのである。

第5・7・8章を通じて言えることは、世俗的な西欧国家では宗教／世俗という二元論が前提とされ、ヴェール／スカーフは専ら宗教に属するものとしてその象徴的意味が固定化されるが、それは当事者が何を考えているのかという視点を失わせるということである。ムスリム・アイデンティティの象徴であると同時にファッションでもあるヴェール／スカーフは、世俗と宗教が混淆する現実のあり方を象徴的に示していると言って良かろう。

第9章は現代アメリカにおける「宗教」概念を扱った三つの小文を並べたユニークな構成である。最初の二つの文章は、保守的プロテスタントが経営する会社がオバマケアによって避妊薬を含む医療保険を従業員に提供しなければならなくなったのは信教の自由に反すると提訴して、勝訴した事件にかかわり、最後の文章はブッシュ政権下で社会事業を民間の宗教団体に移管し、それに応じる団体には援助金を支払う政策を行ったが、該当する宗教団体の多くがブッシュの票田である福音派であったという問題である。これらに対し三人の論者はいずれも「宗教」が明確な本質を有し、世俗から区別可能であるとする前提が現実に合っていないことを指摘する。多くの宗教は何らかの世俗的な活動を行っており、もし宗教団体の活動が全て宗教行為であるとするなら、避妊具の保険費用の支払いを拒否して出費を節約することも宗教活動になってしまう。「宗教」という範疇は客観的に存在するというよりも、一種の擬制として存在しているに過ぎないのであり、にもかかわらず、その擬制に合致するものには有利に働き、合致しにくいものを周縁化してしまう。

宗教を世俗と区別された領域として明確に規定するのが困難であることは、既に序論でも【争点1】でも指摘したが、第9章はそれに加えてもう一つ重要なことを指摘している。それはある活動が「宗教」であるとされることは一定の利益を伴い、故に宗教イメージに合致するように自らを調節する方向に誘う力が働くということである。但し、「宗教」とされることは利点だけがあるわけではない。「宗教」とされることが自らの活動にマイナスである場合には、敢えてそれを表明しないという戦略もあることになり、その事例は第三部で見ることになる。

注

（1） 何人も、他者に危害を加えない限り、自分の行為を自分の意思で決めることを妨げられないという自由主義の原則を指す。

第5章　欧州人権裁判所におけるヴェールと十字架
――イスラームに向きあう世俗的ヨーロッパのキリスト教的な系譜

伊達聖伸

一　はじめに

二〇一七年七月一一日、欧州人権裁判所第二部小法廷は、ブルカやニカブのように顔と全身を覆うイスラームのヴェールを公共の場所で着用することを禁じたベルギーの二〇一一年の法律を妥当とする判断を示した。ニカブは目の部分だけがあいているが、ブルカは目の部分も覆い、外から様子を窺うことができない。三人の原告は、ニカブの着用禁止は欧州人権条約に定められた信教の自由に反すると主張していたが、裁判官は、ベルギーの法的措置は他者の権利と自由の保護に適い、民主社会において必要な措置であると判断した。

この判決は、フランスで二〇一〇年に制定されたブルカ禁止法を妥当と認めた二〇一四年七月一日の大法廷判決を大きな下敷きにしている。この「S・A・S対フランス」の判決文には、後述するようにさまざまなニュアンスが込められていたが、結論的にはフランスの法律を追認する格好になっている。

欧州人権条約は思想・良心・信教の自由を謳っている。だが、公共空間におけるブルカやニカブのみならず、公立校および大学におけるイスラームのスカーフ着用に関しても[1]、禁止は信教の自由の侵害であると訴える原告の主張を認める判決は、現在に至るまで出ていない[2]。ヴェールに注目すると、欧州人権裁判所の判例は、宗教が私的な範囲を越えて公的な射程を獲得することを認めるのに、ひどく消極的であるように見える。国家の世俗主義ないしライシテを、強く後押ししているように見えるのである。

ところが、キリスト教の十字架に注目すると、むしろ逆の印象が生まれる。イタリアで子どもを世俗的な価値観で育てたいと考える親が、公立校の教室の壁にかかっている十字架の撤去を求めて起こした訴訟に、ラウツィ事件裁判がある。イタリア国内で訴えを退けられた原告は、当件を欧州人権裁判所に持ち込んだが、二〇一一年の大法廷判決はイタリア政府の主張を正当なものとした。イタリアの公立校における十字架の設置は、世俗主義の観点から妥当であるとの判断である。

十字架とヴェールをめぐる裁判。どちらも宗教的標章が世俗的とされる公的な場面に持ち出されたときに起きた問題という構図は共通しているが、一方は認められ、他方は認められないとの判決である。これは、欧州人権裁判所の「二枚舌」を表すものなのだろうか。裁判に求められる公正や中立性にも、実はヨーロッパの歴史に根ざした「キリスト教的」な負荷がかかっているということなのだろうか。少なくともそのようにも映りかねない事情は、どう説明することができるのだろうか。欧州人権裁判所において信教の自由はどのように扱われてきているのか、特にヴェールと十字架をめぐる裁判に注目してその特徴の一端を照らし出してみたい。

二　信教の自由をめぐる欧州人権裁判所の判例――初期設定と傾向の変化

欧州人権条約は第九条で、信教の自由を次のように規定している。

一、人は誰しも思想、良心、宗教の自由への権利を持つ。この権利は、宗教あるいは信条を変更する自由、また自らの宗教や信条を礼拝、教育、儀礼の実践や遂行によって個人的また集団的に、公的な場あるいは私的な場で表明する自由を含む。

二、自らの宗教や信条を表明する自由が制約の対象となるのは、法によって想定される以下の制約、すなわち、民主的社会において公共の治安、秩序、公衆衛生、公共道徳の保護または他人の権利と自由の保護に必要な措置を構成する制約のみである。

また、欧州人権条約第一四条（宗教等による差別の禁止）、第一議定書第二条（親や本人が望む宗教教育を受ける権利）なども、信教の自由の保障にかかわっている。

欧州人権条約は一九五三年に発効したが、信教の自由に関する最初の判決を欧州人権裁判所が出したのは、四〇年後の一九九三年である。

コキナキスはギリシアに住むエホバの証人の信者で、熱心な布教活動をしていたが、強制勧誘活動を犯罪とするギリシアで有罪判決を受けた。これは信教の自由の侵害に当たるとの訴えを受けた欧州人権裁判所は、宗教を表明する自由は相手を説得する権利も含むとし、欧州人権条約第九条に対する違反を認定した。この判決は、信教の自由と民主的社会における宗教的多元性を高く評価したものと理解されている(Gonzalez 2015, p. 489)。

コキナキス判決以降、信教の自由に関する裁判件数は増大する。その判決には二つの特徴が見られると指摘されている。ひとつは、ヨーロッパの政教関係は多様であり、社会における宗教の意味について統一的な観念を得ることはできないとの考えである。もうひとつは、多様性を越えて信教の自由の一般理論を模索する動きである(Ringelheim 2012, p. 286)。各国の判断に委ねる方向と、一定の収斂に向かう方向とも言えよう。

この二つの傾向は、小泉洋一の次の指摘にも重なる。信教の自由を規定している欧州人権条約は、「締約国間で一致しない政教関係については中立的立場をとる」。しかし、次第に「宗教的自由の保障のみならず民主政治の維持という観点から、ライシテという政教分離の原則が積極的に評価され、これによりライシテの原則がヨーロッパにおける公の秩序とみなされるに至っている」(小泉 二〇〇七、六〇四頁)。

小泉は、このように欧州人権裁判所がライシテの原則を重視するようになってきた経緯に関して、トルコのライシテを支持した二つの裁判に注目する。ひとつは、イスラーム主義政党の繁栄党(福祉党、本巻第8章第二節参照)が、シャリーア(イスラーム法)の樹立を目指して暴力的ジハードも唱えたとしてトルコの憲法裁判所から解散させられたことを不服とし、人権裁判所に訴えた事件である。裁判所は、同政党の解散は人権条約に適合すると判断した(二〇〇一年の第三部小法廷および二〇〇三年の大法廷)。おもな争点は結社の自由(人権条約第一一条)だったが、大法廷判決は、法の優位と人権と民主主義に合致するライシテの原則を尊重しない態度は、宗教を表明する自由(第九条)に属すとはかぎらないと述べている。

もうひとつは、イスタンブール大学の女子学生レイラ・シャヒンがスカーフ着用を禁じられたことをめぐる裁判である。人権条約第九条、第一議定書第二条に違反すると欧州人権裁判所に訴えたが、ストラスブールの法廷は、トルコの憲法裁判所が示したライシテの原則は、大学におけるスカーフの着用禁止を正当化するものと判断した。

このような動きのなかで、フランスの裁判所が欧州人権裁判所の判例を積極的に活用しはじめる変化に小泉は着目する。つまり、従来は欧州人権条約を参照することは、信教の自由を強調することになると見なされていたのに対し、繁栄党判決とシャヒン判決を分水嶺として、人権裁判所の判例はむしろ厳格なライシテの適用に根拠を提供するようになったのである(小泉 二〇〇七、五九一頁以下)。

そもそも人権条約第九条に関する最初の判例は、信教の自由を大きく保障する性格のものだった。ところが、人権裁判所がライシテの原則を重視するにつれ、いわばこの初期設定に変更が施されていくようにも見える。その様子はヴェール裁判によく表れている。

三　ダフラブ事件決定とシャヒン判決

一九九〇年にスイスの小学校教師に採用された女性が、翌年イスラームに改宗し、ゆったりとした服装とスカーフの着用をするようになった。同僚からも生徒からも、生徒の親からも特に苦情が出ることなく四年が経過したが、一九九五年に視学官（学事の視察や教員の監督を行う役人）からスカーフをしている教員がいるとの報告を受けた初等教育局長は、これ見よがしのアイデンティティを児童に押しつけることになるとして、スカーフを外すよう指示を出した。これを不服として教員リュシア・ダフラブは法廷に訴えたが、スイス連邦裁判所は、「男女を平等に扱う原則」と両立し難い「明白な宗教的標章」であるスカーフを公立校で、しかも非常に影響を受けやすい児童の前で着用することは、信教の自由には属さないと判断した。

欧州人権裁判所は二〇〇一年、ダフラブ事件について不受理の決定を下した。[3] 信教の自由は民主社会の根幹をなしているが、一定の制限が必要な場合もあり、スイスの対応は「他人の権利と自由の保護」および「公共の治安と秩序の保護」という目的に適っていたとの判断である。判断に際して、この決定文書は、過去の判例は「締約国に一定の評価の余地を認めなければならない」ことを示しており、宗教を表明する小学校教師の権利と生徒の保護のバランスのなかでスイスが取った対応は、「評価の余地」の範囲を超えるものではなかったと述べている。一方、ダフラブ事件決定文書はスカーフ着用の意味の解釈にまで踏み込んでいる。「イスラームのスカーフの着用は、民主主義においてすべての教員が生徒に伝えるべき寛容、他者の尊重、とりわけ平等および差別禁止というメッセージと両立させることが、難しいと思われる[4]」(Dahlab c. Suisse, §1)。

このダフラブ事件決定が、先ほど言及したシャヒン裁判の判決のなかで用いられている。事件の発端は、スカーフを着用してイスタンブール大学医学部に通っていたレイラ・シャヒンが、一九九八年に学長がスカーフを禁止する通達を出したために授業と試験を受けられず、翌年停学処分になったというものである。彼女はトルコの法廷に訴えたが退けられ、欧州人権裁判所に提訴した。

二〇〇五年一一月一〇日の大法廷判決は、ダフラブ事件決定を参照しつつ、「民主社会において、イスラームのスカーフの着用が他人の権利と自由、秩序と公共の治安の保護という目的を損ねる場合には、国家はそれを制限することができる」としている(Leyla Sahin c. Turquie, § 111)。

裁判官の一人は、ダフラブ事件決定をここで参照するのは不適切と反対意見を述べている。スカーフ着用の意味は一義的に決定できないのに、一方的かつ否定的な解釈を法廷が行い、その見解を原告に押し付けるのは妥当ではない。このような「パターナリズム」は「人権裁判所の判例に逆行する」(opinion dissidente de la juge Tulkens, § 12)。

このように、ダフラブ事件決定の援用には反対という意見もあった。また、公立校の教員リュシア・ダフラブとは異なり、レイラ・シャヒンは大学に通う学生であり、国家のライシテを体現すべき地位にあったわけではない。しかるに判決は、ライシテを標榜する国家がスカーフ着用に規制をかけることは認められるという見解を示したわけである。

シャヒン判決以降、欧州人権裁判所はスカーフ着用の禁止を各国の判断に委ねるようになっていく。

四　評価の余地

その際に引き合いに出されるのが、ダフラブ事件決定でも用いられた「評価の余地」理論である。

これは欧州人権裁判所が、普遍的な観点から「人権の実現という目的を実効的に遂行する」一方で、「締約国の間に共通基準が存在するか」を考慮し、国家による権利の制約に「一定の裁量」を認める理論であり、人権裁判所の解釈を特徴づけるものとなっている。「共通基準の存在するところでは、国家の裁量を狭く解するのに対して、締約国によって国内法や国内慣行が大いに異なっていて共通基準が存在しない場合には国家の裁量は広くなる」（江島 二〇〇八、二一八―三二頁）。

同じ人権条約が保障する権利でも、たとえば拷問の禁止のように、締約国が一致する権利については、評価の余地の幅は小さい。一方、締約国で異なる権利については、その幅が大きくなる。信教の自由は、政教関係が国によって異なるため、各国に委ねられる評価の余地が広くなる典型なのである（Costa 2016, p. 521）。

たしかに欧州人権裁判所は、コキナキス判決においては、評価の余地を引き合いに出してギリシアの対応を支持することはしなかった。だが、ヴェールの規制に関しては、評価の余地が大々的に参照されて、各国の判断が尊重される形になっている。

二〇〇八年一二月四日、欧州人権裁判所第五部小法廷は、フランスから持ち込まれた二件のスカーフ裁判に関し、人権条約第九条の違反はなかったとの判決を下した。フランスの公立校でスカーフの着用を禁じる法律が制定されたのは二〇〇四年だが、この事件はそれよりも前に起きている。一九九九年、ムスリムの女子生徒二人がスカーフを着用したまま体育の授業を受けようとしたところ、それでは授業に参加できないと教員が繰り返し注意をしたにもかかわらず、彼女たちは応じなかったとして退学処分になったものである。

裁判所は、この処分の決定はいわゆるヴェール禁止法の制定に先立つが、出席日数を満たし、安全を確保し、運動できる服装をする必要があったとする学校側の主張には法的な根拠もあり、校則にも定められていたとし、退学処分は校則違反によるものであって宗教的信仰を理由とするものではないと判断している。

また、判決文は次のように言明している。「国家と宗教の関係について、民主社会において大きな違いが存在しうることには理があり、この問題が争われる場合には、国の決定の役割に固有の重要性が与えられることがある。とりわけ教育機関における宗教的象徴の着用を規制する場合がこれに該当する。この問題に関するアプローチはヨーロッパにおいて多様である」(Dogru c. France et Kervanci c. France, §63)。要するに、ヴェール問題においては、各国家に委ねられる評価の余地が大きくなるということである。

フランスの二〇〇四年のヴェール禁止法施行後に、宗教的標章の着用を理由に学校から排斥された生徒たちの訴え六件について(うち四件はムスリム女性のスカーフに関するもの、二件はシーク教徒のターバンに関するもの)、欧州人権裁判所は二〇〇九年六月三〇日に不受理の決定を下している。[5] 決定文書はやはり評価の余地を引き合いに出している。

五　ラウツィ対イタリア

ここでヴェールから十字架へと目を転じよう。二〇〇一年から翌年にかけての学年度のこと。フィンランド出身でイタリア在住の母親ソイレ・ラウツィは二人の子どもを世俗的な価値観で育てたいと考えていたが、子どもの通う公立校の教室の壁には十字架がかかっていた。イタリアでは、選挙投票所の十字架は国家の世俗主義に反するという破棄院の判決が二〇〇〇年に出ていた。二〇〇二年四月、ラウツィの夫は十字架撤去を学校側に要請したが、聞き入れられなかった。ラウツィは裁判所に訴えたが、十字架はイタリアの歴史と文化とアイデンティティの象徴であって、国家の世俗主義の象徴と矛盾するどころかむしろそれを表現するものとの判決が出た[6]。原告はこれを不服とし、欧州人権裁判所に訴えた。公立校の十字架は「教育への権利」(第一議定書第二条)、「思想・良心・信教の自由」(人権条約第九条)、「差別の禁止」(同第一四条)に反するとの主張である。

二〇〇九年一一月三日、第二部小法廷は全会一致で、信条に合致する教育を受ける権利と良心の自由に対する侵害があったと判断した。教室内の「十字架の存在は生徒によって容易に宗教的標章と解釈されうるものであり、生徒は特定宗教に特徴づけられた学校環境で育てられたと感じることになるだろう」(Lautsi c. Italie, § 55)。国家は個人に特定の信念を押し付けることを控え、公教育においては宗教的中立性を守らなければならない。「カトリック(イタリアのマジョリティ宗教)と結びつけられることが妥当な象徴を公立校で設置することが、「民主的社会」の保全にとって本質的な教育の多元主義をどのように促進することができるのか、当法廷には理解できない」(§ 56)。原告の勝訴である。

この結果を受けて、イタリア政府は二〇一〇年一月、当件を大法廷に回付するよう申し入れた。そして、ギリシア、ロシア、リトアニア、ルーマニアなど一〇カ国以上の支援を取りつけながら、「西洋文明の基本的価値を表象する象徴[7]」としての十字架を守ろうとした。

二〇一一年三月一八日、大法廷の一七人の裁判官は一五対二で、十字架が宗教的象徴であるとしても、教室の十字架が生徒に特別な影響を及ぼしているとは認められない、それは国家による教義の注入ではないとの判断を示した。イタリア政府の勝訴という逆転判決である。「公立校における宗教的象徴の存在が明確に禁じられているのは〔欧州評議会〕加盟国のごく一部にかぎられる」(Lautsi c. Italie, §27)。人権裁判所としては、「教室における十字架の存在に関する選択は、基本的にはそれを擁護する国家の評価の余地に属す」と結論する(§70)。

このようにして、二〇〇九年の判決では、民主的社会における教育の多元性を確保する観点から、社会のマジョリティの論理に抗してマイノリティの権利を保護する方向性が示されたのに対し、最終的に下された二〇一一年の判決では、評価の余地が引き合いに出され、社会のマジョリティの宗教が伝統の名のもとに保護される一方で、マイノリティの権利に皺寄せが来ると言える結果になってしまっている。

なお、これを先述のシャヒン判決と重ね合わせると、さらに興味深い一面が見えてくる。社会のマジョリティがイスラームであるトルコにおいて、マイノリティの保護を理由として、評価の余地が援用されていたからだ。これはトルコがライシテ体制を敷く国家であることによる。このような状況を指して、欧州人権裁判所では、キリスト教とその価値は、個人の権利が犠牲になっても守られる傾向があるのに対し、イスラームは、それがマジョリティの宗教であるような社会においても、民主主義を脅かしかねないと規制される傾向があると指摘する研究者もいる(Mancini 2010, p. 23)。

六　ニカブ・ブルカをめぐる判決

二〇一四年七月一日、欧州人権裁判所大法廷は、公共空間において顔を覆うヴェールの着用を禁じる二〇一〇年のフランスの法律の有効性を認めた。原告は、個人的な信仰の表明として私的および公的生活においてブルカやニカブを着用していたパキスタン系フランス人女性Ｓ・Ａ・Ｓ(本名を公表していない原告のイニシャル)。誰からも着用を強制されていないこと、必ずしも外出時に常時着用しているわけではないこと、治安の観点から必要な場合には顔を見せる用意があることなどを明らかにしていた。ブルカ禁止法は、欧州人権条約が規定する私的生活・家庭生活の尊重(第八条)、信教の自由(第九条)、差別の禁止(第一四条)などに反するとの訴えである。

たしかに人権条約第九条は、信教の自由に制約を設ける正当な理由に「公共の治安」を挙げている。だが、信教の自由が基本的自由であることに鑑みれば、ヴェールの規制は必要最低限でなければならず、法律による一律禁止は行き過ぎではないのか。法学者エヴァ・ブレムスは、政策決定者の考えや人びとの通念ではなく、実際にニカブやブルカを着用する女性を対象とする調査を基にすれば、禁止は逆効果と人権裁判所に警告を発している。第一に、着用の大半は自発的な選択の結果であり、着用の強制から女性を保護する名目で禁止することは、権利の拡張ではなく制限を意味する。第二に、顔を覆うヴェールは社会生活からの撤退を含意するから禁止すれば社会との相互交流が促されると思われているが、実際には禁止によってそのような機会がさらに奪われている。第三に、禁止によって警官や通行人からのハラスメントや侮蔑の言葉を受けるリスクが増す(Brems 2014)。

大法廷の判決には一定のニュアンスが付されている。法廷は、二〇一〇年のブルカ禁止法は私的生活の尊重と信教の自由に「干渉」するものと認定している。そのうえで「制約」の妥当性を判断している。フランス政府が顔を覆うヴェールを禁止する理由として「公共の治安」を挙げていることについて、人権裁判所は、個人を特定することの重要性は理解できるが、個々の状況に応じて身元確認できれば目的は達成されるはずと述べている。宗教的理由から着用を望む女性の権利に鑑み、治安に対する全般的な脅威があるとは言えない状況での法律による一律禁止は行き過ぎである(S. A. S. c. France, § 139)。

フランス政府がニカブやブルカを禁じたもうひとつの理由は「他人の権利と自由の保護」だった。「共生」「民主的で開かれた社会の価値をなす最低限の基盤」として、「男女平等」と「人格の尊厳」と「共生」の三つを挙げている。これに対して人権裁判所は、原告の女性が権利として要求する実践を「男女平等」の名において禁止することはできず、顔を覆うヴェールの着用が他者の「人格の尊厳」を傷つけることにはならないとしている。「共生」については、顔は人間の相互交流に重要という考えは理解できるとしつつ、「共生」の意味が逸脱しないよう、禁止が目的に合致するかを検討する必要があるとしている(§ 118–121)。

また、法廷は「間違いなく禁止は、原告のように自らの信条を理由として全身を覆うヴェールを着用する選択をした女性の状況に、非常に否定的な影響を与える」と述べ、この種の禁止を選択する国家は「あるカテゴリーに属する人びとに対する偏見の固定化を助長し、不寛容の表現を促進するリスク」を負うことになると警鐘を鳴らす(§146, 149)。

さらに、二人の裁判官は反対意見を寄せている。それでも人権裁判所は、結局のところは評価の余地を持ち出して、フランスの法的措置を追認している。そして本稿冒頭で述べたように、ベルギーのブルカ禁止法の追認も、この判例の延長線上にある。

七　おわりに

欧州人権条約第九条において「宗教」は「思想」や「良心」と並んでいる。まずは個人の内面的な価値と見なす傾向が窺えるが、信教の自由は「宗教や信条」を個人的または集団的に表明する自由をも含み、外在化される場合も十分に考慮されている。

欧州人権裁判所は、このような信教の自由を、個人のアイデンティティを構成するものとして、また民主的社会を支えるものとして、重視してきた。この自由に対して加えることができる制約は、かなり限定されたものでなければならない。

人権裁判所は、公的な政治と私的な宗教(集団的な射程を持つものを含む)の構図に収まる係争には、相互自律性の観点から一般に首尾よく対処してきたが、宗教が公的領域や公共空間に現れる係争には、首尾一貫した対応を取ることができていないのが現状とも指摘される[8](Ringelheim 2012, p. 287)。このような場合には、締約国の政教関係の多様性に鑑み、各国の評価の余地に委ねる傾向が見られる。結果として、各国が信教の自由に加える制約を、人権裁判所が追認することになる。

宗教的標章に関する判決には、さまざまな陰影のある議論が見られるが、結果のみを取り出すなら、キリスト教の十字架は認められるのにイスラームのヴェールは認められないという印象は拭いがたい。ここには、キリスト教的な系譜から抜け出してきた世俗的なヨーロッパが、イスラームに向き合うことで、過去の系譜を再発見するダイナミズムが暗示されている。歴史的な宗教は「伝統」や「文化」として再構成されるのに対し、新来の他者の習俗は「宗教」の回路を通って表象され、しかも信教の自由による十全な保護の対象になりにくいという構図に、欧州人権裁判所も巻き込まれていると言えるだろう。

もちろん欧州人権裁判所としては、民主的社会における多元主義の進展をはかろうとしており、イスラモフォビアの亢進に警鐘を鳴らしていることは、繰り返し強調しておかなければならない。にもかかわらず、宗教的標章に関する一連の判決からは、そのような意図とは裏腹に、しばしば「多数者の専制」(アレクシ・ド・トクヴィル、ジョン・スチュアート・ミル)に加担する結果になってしまっているのではないかとの疑念も浮かんできてしまうのである。

付記　本稿は、科学研究費(研究課題番号：16H03356)の助成を受けたものである。

注

(1) ここでの「スカーフ」はおもにヒジャブに相当するが、ブルカやニカブをただの「スカーフ」とは言いにくい。本稿では「スカーフ」と「ヴェール」は一定の互換性のある言葉として用いる。

（2）「宗教的標章および衣服」をめぐる欧州人権裁判所の判決をまとめた Cour européenne des droits de l'homme (Unité de la Presse), « Signes et vêtements religieux », juillet 2017 (http://www.echr.coe.int/Documents/FS_Religious_Symbols_FRA.pdf) によれば、二〇一七年七月時点で信教の自由の侵害があったと最終的に認定されたのは次の二件のみ。一、トルコの宗教団体 Aczimendi tarikan の信者が宗教的衣装を着用して街を歩いたことが違法とされた事件。二、航空会社の従業員が勤務中の十字架着用を理由に配置転換された事件（公立病院の看護婦が十字架着用のために契約中断処分を受けた類似の事件では、信教の自由の侵害は認められず）。一の Ahmet Arslan et autres c. Turquie については中島（二〇一〇）、二の Eweida et Chaplin c. Royaume-Uni については伊達（二〇一七、二一六―二一七頁）を参照。

（3）ダフラブ事件は欧州人権裁判所が最初にスカーフについて判断したものと言えるが、これに先立つものとして一九九三年の欧州人権委員会の決定 Karaduman c. Turquie がある。

（4）欧州人権裁判所の決定および判決は https://hudoc.echr.coe.int/fre# から入手し、引用に当たっては事件名とセクション番号を記した。以下同様。

（5）Aktas c. France, Bayrak c. France, Gamaleddyn c. France, Ghazal c. France, Ranjit Singh c. France et Jasvir Singh c. France.

（6）イタリア国内のラウツィ事件裁判の詳細は、本巻第6章を参照。なお、イタリアの法廷は、十字架の宗教的側面と文化的側面を区別した独バイエルン州の判決を参照している。

（7）当時のイタリアの教育大臣マリアステラ・ゲルミニの発言（Camille Dubruelh, « Le chemin de croix de l'Italie », *Le Monde des religions*, 7 juillet 2010）。

（8）宗教団体の登記をめぐる裁判とスカーフ裁判を比較し、集団の信教の自由は認められやすく、個人のそれは認められにくい実情を指摘する研究もある（Evans 2010–2011）。

参照文献

江島晶子 二〇〇八、「ヨーロッパ人権裁判所の解釈の特徴」戸波江二ほか編『ヨーロッパ人権裁判所の判例』信山社。

小泉洋一 二〇〇七、「国際人権保障と政教関係——ヨーロッパ人権裁判所の判例におけるライシテの原則」『甲南法学』四七巻四号。

伊達聖伸 二〇一七、「欧州評議会と承認のライシテ——報告書「民主的な社会における信教の自由と共生」を糸口として」『上智大学外国語学部紀要』第五一号(二〇一六)。

中島宏 二〇一〇、「公の場における宗教的着衣の規制——欧州人権裁判所二〇一〇年二月二三日アフメト・アルスラン判決」『山形大学法政論叢』第四九号。

Brems, E. 2014, “Face Veil Bans in the European Court of Human Right: The Importance of Empirical Findings,” *Journal of Law and Policy*, vol. 22, issue 2.

Costa, J.-P. 2016, « La Cour européenne des droits de l’homme », *Commentaire*, n° 155.

Evans, C. 2010–2011, “Individual and Group Religious Freedom in the European Court of Human Rights: Cracks in the Intellectual Architecture,” *Journal of Law and Religion*, vol. 26, issue 1.

Gonzalez, G. 2015, « Liberté religieuse et Cour européenne des droits de l’homme », Florence Faberon dir., *Liberté religieuse et cohésion sociale : la diversité française*, Presses Universitaires d’Aix-Marseille.

Mancini, S. 2010, “The Crucifix Rage: Supranational Constitutionalism Bumps Against the Counter-Majoritarian Difficulty,” *European Constitutional Law Review*, vol. 6.

Ringelheim, J. 2012, “Rights, Religion and the Public Sphere: The European Court of Human Rights in Search of a Theory?” Lorenzo Zucca and Camil Ungureanu eds., *Law, State and Religion in the New Europe*, Cambridge University Press.

第6章　イタリアの新たな「世俗性」

江川純一

一　はじめに

二〇一五年七月、創価学会公式サイトに「イタリア共和国とイタリアＳＧＩが宗教協約を調印」と題された記事が掲載された。記事の一部を転載する。

二〇一五年六月二七日、イタリア共和国とイタリアＳＧＩ（イタリア創価学会仏教協会）との間に、インテーサ（宗教協約）が調印され、調印式がフィレンツェのイタリア文化会館で厳粛に執り行われた。

インテーサとは、イタリア共和国憲法の第八条等に基づく制度で、同国と宗教団体との協約を指す。

国家の厳正な審査を経て、協約が正式に発効された宗教団体には、教育・研究機関の設立など、さまざまな権利が認められる。これまでに承認されたのは、同国内の一二の団体のみである。

イタリアSGIは二〇〇一年四月、インテーサの申請書を同国の内務省に提出。長年にわたる審査を受けて、今回の調印に至ったのである。

今後、上院と下院の審議委員会の通過後、官報への掲載をもって、正式に協約が発効される運びとなっている(URL①)。

一年後の二〇一六年七月、毎日新聞ウェブ版で「創価学会　イタリア政府と宗教協約を締結」というタイトルの以下のような報道があった。

創価学会は二九日、イタリア政府とイタリア創価学会が宗教協約(インテーサ)を締結し、三〇日(現地時間)付で発効すると発表した。これにより同国政府公認の宗教団体となり、税制上の優遇や教育機関設置の権利などが保障される。

創価学会によると、昨年六月、レンツィ首相とイタリア創価学会の理事長が協約書に調印。今年に入って国会上下両院で承認され、今月一五日に官報に掲載された。同国政府と日本発祥の仏教団体がインテーサを締結したのは初めて。同国内には八万人の会員がいるという(URL②)。

日本国内においては、これらの報道によって「インテーサ」という言葉を初めて目にした人が多かったかもしれない。即座に次のような疑問が湧いてくることだろう。国家と宗教団体とのあいだで結ばれるインテーサとは何か。インテーサを結んだ宗教団体とカトリック教会との関係はいかなるものか。さらには、イタリア国家とカトリック教会との関係は、どのような変遷を辿り、現在、どうなっているのか。本稿ではこれらの疑問に答えるために、近現代イタリアの政教関係について、資料を紹介しながら概観したい。その上で、「世俗性」を意味するイタリア語「ライチタ(laicità)」にどのような変化が発生しつつあるのかについても考えてみたい。

二　国教制から公認宗教制へ――インテーサの発動

インテーサ

インテーサは、イタリア共和国憲法第八条第三項に基づくものであり、一九四八年一月一日の憲法制定後三六年間活用されていなかったが、一九八四年になって開始された。まず、共和国憲法第八条を確認しておこう。宗教団体の自由に関する条文である。

イタリア共和国憲法第八条　すべての宗派は法律の前に等しく自由である。

②　カトリック以外の宗派は、イタリアの法制度に反しない限り、自己の規約により団体を組織する権利を有する。

③　カトリック以外の宗派と国家との関係は、双方の代表者との合意に基づき、法律により規律される(『イタリア宗教関係法令集』二〇一〇、四頁)。

インテーサは、定められた方式を国家が自動的にすべての宗教団体にあてはめるものではなく、条文に「双方の代表者との合意に基づき」とあるように、宗教団体からの申請書を受け、国家と宗教団体が個別の交渉を行うことによって締結される協約である。二〇一八年現在、インテーサを締結した宗教団体は以下の通りである。

- ワルドー派宗教会議
- イタリア神の会
- キリスト教会再臨派連合
- イタリアユダヤ共同体連合
- イタリアキリスト教福音主義バプテスト派連合
- イタリア福音主義ルター派教会
- 末日聖徒イエス・キリスト教会（モルモン教）
- イタリア・南ヨーロッパ太守管区正教聖大司教区
- イタリア使徒教会
- イタリア仏教徒連合
- イタリアヒンズー教徒連合
- エホバの証人
- イタリア創価学会仏教協会

インテーサを締結することによって宗教団体は、教育機関を設立したり、祝祭日を設定できたり、一〇〇〇分の八税(Otto per mille)[1]を受け取ったりすることができる。このように、現在、イタリアでは「公認宗教制」が採用されており、イタリア国家とのあいだでインテーサを結んでいる宗教団体と、結んでいない宗教団体とのあいだに「差異」が生じている。

注目したいのは、第八条第二項、第三項で述べられているのは「カトリック以外の宗派」についてであり、インテーサを締結した団体のなかにカトリック教会の名がみられない点である。カトリック教会と国家の関係はどうなっているのだろうか。

ヴィッラ・マダーマ協約

インテーサ開始と同年の一九八四年二月一八日に、ローマ郊外の館「ヴィッラ・マダーマ」にて、ベッティーノ・クラクシ首相とヴァティカンのアゴスティーノ・カサローリ枢機卿とのあいだで「ヴィッラ・マダーマ協約」が結ばれた。この協約は、一九二九年のラテラーノ協定[2]のなかのコンコルダート(協約)の改正であり、現代イタリアの政教関係に大きな変化をもたらすものであった。条文を確認しておこう。

ヴィッラ・マダーマ協約第一条　イタリア共和国と聖座は、国家とカトリック教会とが各自その固有の領域において独立かつ最高の存在であることを確認するとともに、両者の関係においてこの原則を最大限に尊重し、人の発達及び国の善のため相互に協力することを約束する(『イタリア宗教関係法令集』二〇一〇、二六頁)。

この第一条には、以下のような附属議定書が付いている。

カトリック教がイタリア国家の唯一の宗教であるという、ラテラーノ協約で言及された原則は、爾後効力を有しないものとみなす(『イタリア宗教関係法令集』二〇一〇、四〇頁。翻訳の表記は変えてある)。

この附属議定書によって、イタリアの「国教制」は終焉を迎えた。法律的にローマ・カトリック教会はイタリア国家の宗教ではなくなったのである。ただし、それでも同第九条に示されているように、初等・中等教育におけるカトリック教育は保障されたし(二〇〇〇年に、カトリック教理の履修は選択制となる)、税制上の優遇も存続となった。

ヴィッラ・マダーマ協約第九条　イタリア共和国は、学校設立の自由及び教育の自由の原理に従い、その憲法に定める条件のもとで、カトリック教会に対し、各種類と各段階の学校及び教育施設を自由に設立する権利を保障する。〔略〕

② イタリア共和国は、宗教文化の価値を承認し及びカトリックの教義の諸原理がイタリア国民

の歴史的財産の一部となっていることを考慮して、大学以外の各種類と各段階の国公立学校において、カトリック教の教育を学校目的の枠内で引き続き保障する(『イタリア宗教関係法令集』二〇一〇、三四頁)。

第二項における「カトリックの教義の諸原理がイタリア国民の歴史的財産の一部となっていること」との記述はやはり見逃せない。国教制は廃止されたが、カトリック教会はあらゆる宗教団体の最上位に位置しているのである。現代イタリアにおける諸宗教は、カトリック教会、国家とインテーサを結んでいる宗教団体、国家とインテーサを結んでいない宗教団体という三層構造を成していることが分かる。

三　イタリアの政教関係をめぐる諸問題

ローマ問題

ヴィッラ・マダーマ協約は、一九二九年のラテラーノ協定におけるコンコルダートと、一九四八年一月一日公布の共和国憲法における信教の自由とのあいだの齟齬を調整するものであったのだが、その背景を知るために、ここで、ごく簡単にではあるが、近現代イタリアの政教関係を振り返っておきたい。

イタリア王国は、一九世紀前半に半島に存在したサルデーニャ王国、ロンバルド＝ヴェネト王国、パルマ公国、モデナ公国、トスカーナ大公国、教皇領、両シチリア王国といった諸国が平等の立場で合併したのではなく、サルデーニャ王国が他国を併合する形で、一八六一年に成立した。それ故、国王（ヴィットーリオ・エマヌエーレ二世）、政府（首相カミッロ・カヴール）、憲法（「一八四八年三月四日の王国憲章」）などはすべてサルデーニャ王国由来である。

王国成立の経緯において、ローマの帰属をめぐり、王国政府と教皇庁（ローマ・カトリック教会の中央機関）とのあいだに対立関係が生じることとなった。これがローマ問題である。王国政府によって提出された「保障法」の教皇ピウス九世による拒否（一八七〇年）、王国政府による全国立大学の神学部廃止（一八七三年）、カトリック信仰者が国政選挙に参加することは相応しくないとするピウス九世による回勅（一八七四年）といった具合に、不和の状態が長く続いたが、国教制自体は継続された。ローマ問題が一応の決着をみたのが、一九二九年二月一一日にファシスト政権下のイタリア王国（国王ヴィットーリオ・エマヌエーレ三世の全権代理、ムッソリーニ）とヴァティカン（ピウス一一世の代理、ガスパッリ枢機卿）との間で結ばれた、ラテラーノ協定によってである。

重要な点は、王国成立以後、ローマ問題が続く状態において、"laico"という形容詞（名詞形は"laicità"）が、「世俗の」、「非聖職者の」だけではなく、「反教会の」、「反聖職者の」といった意味さえも有していた点である。

ペッタッツォーニによる共和国憲法批判

実はイタリアは、ヨーロッパでもっとも「世俗的な（laico）」宗教研究が成立した土地である。ローマ問題を抱えたイタリア半島では、「宗教についての、《宗教の立場》からの語り」ではなく「宗教についての、《世俗の立場》からの語り」の重要性が強く認識されたのである。

一九五〇年代に、ラテラーノ協定と共和国憲法のあいだの矛盾を指摘していたのが、第一次ムッソリーニ内閣によってローマ大学に創設された宗教史学講座の初代教員であったラッファエーレ・ペッタッツォーニ（一八八三―一九五九）である。一九五二年の論文「宗教的マイノリティ」(Pettazzoni 1952) において彼は、イタリア共和国憲法の宗教に関する記述がいかなる矛盾を抱えているかを明らかにしている。ペッタッツォーニの主張を順にみてみよう。

共和国憲法第三条において「法の前での平等」、さらに第一九条では「信教の自由」が明記されている。

イタリア共和国憲法第三条　すべての市民は等しい社会的尊厳をもち、法律の前に平等であり、性別、人種、言語、宗教、政治的意見、人的及び社会的条件によって差別されない（『イタリア宗教関係法令集』二〇一〇、四頁）。

イタリア共和国憲法第一九条　何人も、個人としてであれ、団体としてであれ、いかなる形態においても、自己の宗教的信仰を自由に表明し、その布教を行ない、及び私的に又は公的にその礼拝を行なう権利を有する。但し、善良の風俗に反する儀式はこの限りでない（『イタリア宗教関係法令集』二〇一〇、六頁）。

宗教そのものについては、既にみたように第八条に「すべての宗派は法律の前に等しく自由である」とあった。ペッタッツォーニによると、非カトリック信仰者は、第三条と第一九条はともかく、第八条にはまったく満足することができない(Pettazzoni 1952, p. 141)。なぜなら第八条に矛盾する形で、第七条においてあるひとつの宗教が名指しされているためである。

イタリア共和国憲法第七条　国家とカトリック教会は、各自その固有の領域において、独立・最高である。

② 両者の関係はラテラーノ協定により規律される。この協定の改正が両当事者により承認される場合には、憲法改正の手続を必要としない(『イタリア宗教関係法令集』二〇一〇、四頁。翻訳の表記は変えてある)。

ペッタッツォーニが指摘しているように、「カトリック教会(la Chiesa cattolica)」の文字がはっきりと書かれている。国家とカトリック教会の「関係はラテラーノ協定により規律される」のであるから、ラテラーノ協定を参照しなければならない。ラテラーノ協定のなかのコンコルダート第一条をみてみよう。

コンコルダート第一条　イタリアは、使徒伝承のローマのカトリック教は国家の唯一の宗教であるという、一八四八年三月四日の王国憲章第一条が確立した原則を承認し、再確認する(『イタリア宗教関係法令集』二〇一〇、八頁)。

「一八四八年三月四日の王国憲章」とはいわゆる「アルベルト憲法」、すなわちサルデーニャ王国国王カルロ・アルベルト・アメデーオ・ディ・サヴォイアが制定した欽定憲法を指す。この王国憲章はファシスト政権下でも有効であった。その王国憲章第一条では以下のように述べられている。

王国憲章第一条　使徒伝承のローマ・カトリック教は国家の唯一の宗教である。現存するその他の信仰は、法に従い容認される(Pettazzoni 1952, p. 141)。

これではまったく「すべての宗派は法律の前に等しく自由」ではなく、カトリック教会ではない宗教はただ認められているだけにすぎないのではないかと、ペッタッツォーニは指摘する(Pettazzoni 1952, pp. 141–143)。つまり、イタリアの憲法をその記述に従って順に遡っていくと、カトリック教会の優位性が決定的に立ち現れてくるというわけである。さらに詳しい部分までみてみると、共和国憲法第七条で参照されているコンコルダートには、棄教した聖職者もしくは検閲を受けた聖職者は教職を行えないとあり、すべての市民の法の前での平等を謳った共和国憲法第三条と矛盾する(Pettazzoni 1952, pp. 142–143)。また、一九三一年に制定された刑法第七二四条において「国家の宗教において崇拝されている神、象徴、人間」に対する冒瀆罪が定められているが、対象は国家の宗教であるカトリック教会の場合のみで、他宗教についての規定がない(Pettazzoni 1952, p. 145)。つまり、イタリアではカトリック教会の特権的地位が明白であり、実は信教の自由が存在しないのではないか。これがペッタッツォーニによる批判の骨子であった(3)。

話を本稿の冒頭に戻しまとめると、一八四八年三月四日の王国憲章以来の、カトリック教会を国家の唯一の宗教とする状態(国教制)と、共和国憲法における「すべての宗派の自由」とのあいだの矛盾を解消するために採用されたのが、ヴィッラ・マダーマ協約による公認宗教制であったと捉えることができる。

四　国家の世俗性をめぐって

国教制が廃止され、公認宗教制へと移行したことは、一見、イタリアにおけるカトリック教会の位置が「低下」したことを示しているようにみえる。だが、司法の場をみてみると、国教制の頃よりもカトリックの優位性が明確に打ち出された判決が出され続けている。憲法裁判所一九八九年四月一二日判決第二〇三号は、「国家の世俗性原理」について以下のように述べている。

> 憲法第二条、第三条、第七条、第八条、第一九条および第二〇条にあらわれている世俗性原理(il principio di laicità)は、諸宗教にたいする国家の無関心を意味するものではなく、宗派的および文化的な多元な体制において宗教の自由(libertà di religione)を保護するための国家の保障を意味する(URL③)。

国家の世俗性原理とは、宗教的多元性を前提として、宗教文化の価値を認めることだというのである。現にイタリアでは、スカーフなどの宗教的標章を身につけることが禁止されていない。さらに、同判決によると、ヴィッラ・マダーマ協約第九条にあった「カトリックの教義の諸原理がイタリア国民の歴史的財産の一部となっていること」を根拠として、世俗的国家は、カトリックの宗教教育を初等教育で実施できることになる。ここに示されているのは「世俗性(laicità)」という語の意味内容の変化である。

二〇〇二年以降、フィンランド系イタリア人女性、ソイレ・トゥーリッキ・ラウツィが、自分の子供が通う中等学校の教室の十字架像撤去を要求し、一連の裁判が開始された(4)。二〇〇五年三月一七日のヴェネト州行政裁判所判決は、原告の請求を棄却し、以下のように述べた。

一一・九　現在の社会状勢において、十字架像は、歴史的文化的発展の象徴および我が国民のアイデンティティの象徴としてだけではなく、自由、平等、人間の尊厳、宗教的寛容といった諸価値の体系の象徴、さらには国家の世俗性の象徴として考えられなければならない(URL④)。

十字架像が「国家の世俗性原理」の象徴として捉えられていることは注目に値する。田近が見事に解説しているように「ヴェネト州行政裁判所にとって、十字架像は「国家の世俗性の象徴」である以上、国家の世俗性原理を根拠に教室から十字架像の撤去を要求することは、世俗性原理の形成に貢献した基本的な歴史的要素の一つを、まさにその原理の名の下に撤去するよう求める不合理な主張ということにならざるをえない」のである[5](田近 二〇一二、二五五頁)。

国家が方針を明確に打ち出しているわけではなく、あくまでもいくつかの判決から読み取れることにすぎないが、現在、イタリア語の“laicità”には、以下のような意味が込められつつあるのではないだろうか。①宗教的自由を積極的に保護すること(宗教的多元性に基づき、十字架像であっても、スカーフであっても、数珠であっても保護される)。②すべての宗教を公平に扱い、等しく距離を置くこと(ただし自らが立つ「イタリア国民の歴史的財産の一部」であるカトリック教会という地面は切り崩さない《切り崩せない》)。イタリアの新たな「世俗」性は、もはや「宗教」の対義語ではなくなっているのかもしれない。

注

(1) 一九八五年以来、イタリアでは、個人が、自分が納める所得税の一〇〇〇分の八の分配先を指定できる。分配先の選択肢としてローマ・カトリック教会、各宗教団体、国家などがある。

(2) ラテラーノ協定は、条約(Trattato)、財務協定(Convenzione finanziaria)および協約(コンコルダート(Concordato)より成る(『イタリア宗教関係法令集』二〇一〇、四頁)。

(3) そもそもペッタッツォーニが支持していたのは、一九四七年春の憲法制定議会において、キリスト教民主党と右派(自由党、民主労働党の一部)によって賛成票が投じられた第八条草案「すべての宗派は法律の前に等しく自由である」ではなく、共産党と左派が提出していた案「すべての宗派は法の前に同等である」であった(Pettazzoni 1952, p. 147)。

(4) 教室における十字架像設置は、カザーティ法に付随する一八六〇年九月一五日勅令第四三三六号に遡るものであり、一九二四年四月三〇日勅令第九六五号によって、中等学校のすべての教室への十字架像設置が定められていた（田近 二〇一二、二三七―二三八、江原 二〇一三、九三―九七頁）。

（5）二〇〇六年二月一三日の国務院判決は、学校の教室といった宗教的ではない場所に設置されている十字架像は宗教的象徴ではなく、憲法秩序の背後にある諸価値を表明するものであるとして、上訴を却下した（“Sentenza Cons. Stato, Sez. VI, 13 febbraio 2006 n. 556”, in: *QDPE*, 2006, III, p. 776, 田近 二〇一二、二五五―二五七頁）。その後、舞台は欧州人権裁判所へと移され争われた。二〇〇九年小法廷は、イタリアの人権条約違反を認定したが、二〇一一年大法廷はイタリアの違反について無しと認定した。

参照文献

江川純一 二〇一五、『イタリア宗教史学の誕生――ペッタッツォーニの宗教思想とその歴史的背景』勁草書房。
江原勝行 二〇一三、「イタリアにおける国家の非宗教性原則と公共空間における宗教的標章――公立学校内のキリスト十字架像をめぐる欧州人権裁判所判決を手がかりに」『アルテスリベラレス（岩手大学人文社会科学部紀要）』第九二号。
『イタリア宗教関係法令集　海外の宗教事情に関する調査報告書　資料編4』二〇一〇、井口文男・田近肇訳、文化庁。
田近肇 二〇一二、「国家の世俗性原理は教室の十字架像によって表されるか――イタリアにおける教室十字架像事件」『岡山大學法學會雑誌』第六二巻二号。
Pettazzoni, R. 1952, “Le minoranze religiose”, in *Italia religiosa*, Laterza.

URL

①創価学会公式サイト https://www.sokanet.jp/topics/kmav7s000000290i.html（二〇一八年九月一日閲覧。以下同）

②毎日新聞ウェブ版 https://mainichi.jp/articles/20160730/k00/00m/040/049000c

③Corte Costituzionale 1989, "N. 203 SENTENZA 11–12 APRILE 1989." https://www.cortecostituzionale.it/actionSchedaPronuncia.do?anno=1989&numero=203

④"Sentenza TAR Veneto, Sez. III, 17 marzo 2005 n. 1110." https://www.eius.it/giurisprudenza/2005/053

第7章　イスラーム・ジェンダー論の行方
――行動する女性たちへ

塩尻和子

一　イスラーム・ジェンダー論とはなにか

一般に、イスラームは女性蔑視的な宗教であり、神の命令という大義名分のもとに、女性には「産む性」としての生物学的な役割分担を押し付け、女性から自由な活動の機会や権利を奪っていると言われてきた。しかし、後述するように、イスラームの聖典クルアーン(1)の教えや、創始者の預言者ムハンマドの言行録(ハディース)から得られる基本的な教義には、世間の予想に反して、ユダヤ教、キリスト教、仏教などの他の宗教と比較しても、差別的な女性観はイスラームのほうが少ない。

たとえば、クルアーンでは、女性の遺産相続権を男性の二分の一であるものの義務として規定している。七世紀初頭の世界では、アラビア半島はいうまでもなく世界中で女性の財産権に対する配慮など、特別な例を除いてはほとんどなかったことを考えると、この規定には女性の生活権を保護しようとする画期的な意図がみられる。

もちろん、クルアーンには男性優位を示す記述がいくつかあり、特定の条件下であるが、妻への暴力を許容するような記述もみられる(クルアーン四章三四節)。

男は女の擁護者(家長)である。それは神が、一方を他よりも強くなされ、かれらが自分の財産から(扶養するため)、経費を出すためである。それで貞節な女は従順に、神の守護の下に(夫の)不在中を守る。あなたがたが、不忠実、不行跡の心配のある女たちには諭し、それでもだめならこれを臥所に置き去りにし、それでも効きめがなければこれを打て。それで言うことを聞くようならばかの女に対して(それ以上の)ことをしてはならない。

しかし、今日まで現実にイスラーム社会で行われている女性差別や女性への暴力などは、イスラームの基本的な教義によるものではなく、イスラーム以前から普及していた文化的伝統や、イスラームが伝播していったそれぞれの地域での父系社会の習俗や因習が、イスラームの名のもとに取り込まれ定着していったものが多い。

イスラーム教徒ムスリムがその一生をとおして遵守しなければならない宗教的戒律「イスラーム法」(シャリーア)は、宗教が伝播していった地域のそれぞれの伝統文化や風俗習慣と習合して、柔軟に施行されてきた。九世紀に成立したイスラーム法は今日でも変わらず、ハナフィー派、マーリク派、シャーフィイー派、ハンバル派の四大法学派によって、それぞれ事例研究がなされ実定法として判定が下されるという構造をもつ。イスラーム法が固定化されていない柔軟な規定であることは、特定の思想をもつ一部の集団によっては、この規定が極めて厳格に解釈されるという逆説的な現象が起こることを可能とする。これは大本山制度や教会組織をもたないイスラームには、法的解釈においても、正統か異端かを判断する公的機関が存在しないからである。そのために、歴史を通じて時折、異常なまでの厳格な施行を求める過激な勢力が政治的権力を掌握し、人々の生活を暴力的に監視する事態がみられる。彼らは、とくに女性の生き方や行動に神経質なまでの目を光らせている。そのような事例の一つはワッハーブ派（一八世紀にアラビア半島で起こった宗教改革運動）を奉じ、社会の隅々まで宗教警察が取り締まるサウジアラビアにも起こっている。

二〇〇二年三月に、マッカ（メッカ）の公立女学校で火事が起こり、消火のために消防隊がいち早く駆けつけたにもかかわらず、一四人もの少女が命を落とした。被害が拡大した理由は、宗教警察が、消防隊に建物の内部に入り消火活動を行うことを許可しなかったからである。少女たちは学校内ではヴェールを脱いでいたし、体全体を覆うアバーヤ（マント風の長着）を身に着ける余裕もなかったために、宗教警察は「女性が正しい服装で顔や肌を隠していなかった」と主張して、建物に鍵をかけ、消防隊の救出活動を禁じたのである。サウジアラビアの宗教警察は、少女たちの命よりも、ヴェールを被っていない彼女たちが「性的に男性を誘惑する可能性」を重要視したのである。

このように、イスラーム法の解釈と施行方法によっては、女性の命が「神の法の名によって」危険に晒される事態は、今日でもイスラーム世界で止むことはない。

サウジアラビアは現在、ムハンマド皇太子の指揮のもとで、女性に関する法令を次々と改革しようとしている。一九三二年の建国以降の長い間、女性が自動車の運転をすることが禁じられていたが、二〇一八年六月二四日に女性の自動車運転が許可されて、世界の注目を集めている。

サウジアラビアは、イスラーム世界のなかでも、最も厳格な宗教法の規範を施行する国の一つであり、社会生活の多くの面で、男女別の空間を築いてきている。この国で、これまで女性の自動車運転が許可されなかったことは、女性の能力を男性より劣るものとしただけでなく、巨大な権威をもつ宗教警察が、女性は生来、性的に男性を誘惑する悪しき存在だとして、女性の命までも犠牲にして女性差別を実施してきたからである。今回の自動車運転解禁の勅令は、一部ではあっても、女性の権利を認めて差別を緩和する方向へと向かうものであるのか、あるいは昨今、深刻な経済問題を抱える同国が、女性の経済力・購買力に着目した政策であるのか、この勅令の推移を注意深く見守る必要がある。

日本でも、被害者が女性だけとは限らないが、職場や教育機関でのセクシャル・ハラスメントや、家庭内のドメスティック・バイオレンス、またストーカー被害などが絶えることはない。イスラーム・ジェンダー論の行方を考えることは、言い換えれば、特定の宗教の枠を超えて、日本の、そして世界の、男女平等理念の在り方を顧みることにつながる。

二　ヴェールの陰で

信仰生活だけでなく日常生活をも重んじるイスラームは、信じてさえいればよいという宗教ではない。信仰とともに、宗教的戒律や規範に従って「日々宗教を生きる」ことが要求される社会的な宗教であり、個々人の精神だけでなく社会や政治の在り方も宗教的理念に、具体的にはイスラーム法シャリーアに、従うように求められる。そのためにムスリム人口の多い地域では、信仰の形態が日常生活の表面に具体的に現れるという特色をもつ。

ポスト近代の宗教現象の一つと言われる宗教復興運動のうねりのなかで、イスラームにも伝統回帰思想や復興運動が激しい高まりをみせるようになって四〇年近くになる。それに呼応して、イスラーム世界では女性の服装規制が厳しさを増すようになってきた。たとえば、オスマン朝の滅亡後、政教分離政策を掲げて近代的世俗国家として発展してきたトルコでも、最近になって、これまで禁止されていた公的空間にも女性のヴェールがみられるようになってきた。エジプトでは大学などで高等教育を受けたエリートの女性たちが率先してヴェールを被りはじめ、映画女優や人気のあるテレビタレントがイスラーム的な服装に着替えるようになり、近年、女性のヴェール姿は当たり前の風景になった。イランでは一九七九年のイスラーム革命の前から、近代化を推し進めたシャー(国王)に対する抵抗運動の一端としてヴェールが被られはじめ、革命後ではヴェールの着用は強制化された。現在のイランではイスラーム的フェミニストと呼ばれる人々が女性の積極的な社会参加を目指しており、女性の立場や家族に関する従来の聖典解釈を批判して女性の教育を援助し、意欲ある若い女性に父親や家族からの独立を奨励している。

宗教回帰現象とともに、再びヴェールを被りはじめた女性たちは、家庭の奥の隔離された私的な空間で、自分を殺し、うつろな目をして男性の言いなりになって生きているのではない。彼女たちはムスリムの女性としてのアイデンティティを掲げ伝統の担い手としての立場を自覚して、社会や国家のビジョンを体現していこうとしている。

それでは、ムスリム女性の象徴となったヴェールについて、クルアーンにはどのように説明されているのか。二四章三一節には以下の記述がみられる。

信者の女たちに言うがよい。視線を低くして貞淑を守れと。外に現れ出るもののほかには彼女たちの美しさや飾りを目立たせてはならない。そしてヴェールをその胸の上にかけなさい。自分の夫または父以外には、彼女の美を表してはならない。

これが女性の衣服についてクルアーンに現れる唯一の指示である。ムスリム女性にとって、いまや外出時の必須アイテムとなっているヴェールについて、聖典にはこれ以上の具体的な規定はみられない。そうであれば、これらはむしろ精神的な規範として把握されるべきことでもあり、言い換えれば、ヴェールは貞節に対する決意と心の護りを意味することになるであろう。そのため、時代や地域によっては、女性のヴェールが重要視されないこともあり、また意図的にヴェールを被らない女性も少なくない。

そもそも、女性が着用する長着は、預言者ムハンマドの妻たちを他の女性たちから区別するための特別な衣装であり、当時の社会ではある意味でステイタス・シンボルでもあった。しかも、本来的には、ヴェールやアバーヤの着用は、女性が自らの貞節を護るためのものではなく、男性が女性の姿に誘惑されないようにするためであり、実際には男性を護るための道具なのである。

上記のようなヴェールについてのクルアーンの記述から判断されることは、イスラーム世界が当初から女性差別的社会であったとは、一律に判断することができないということであろう。ヴェール一つをとっても、彼女たちが帰属する国や地域、社会や共同体によって色や形も異なり、意味するところもさまざまであり、すべてを一括りにして論じることはできない。そのために、私たちはまず、イスラームの聖典クルアーンのなかで女性の立場がどのように教えられ、指示されているのかという基本的な教義を検討する必要がある。

三　クルアーンにみる女性像

まず、誤解のないように言っておくが、女性差別や蔑視の観念はイスラーム世界だけの現象では、決してない。とりわけ宗教思想のなかでは、ほとんどの宗教において、女性は男性に対して、いまなお従属的な地位におかれている。高邁な理想を掲げている世界宗教と言われる仏教やキリスト教では、女性は道を迷いやすい愚かなものであり、血の穢れをもつ卑しい存在であり、この世の悪や罪の源であるとさえみなされている。

これに対してクルアーンでは、女性の地位と権利が明確に規定されており、神の前では男女の区別はなく全くの平等であるという思想が、草創期から定着していた。精神的な側面だけでなく、遺産相続や結婚などの世俗的な側面においても女性の人権に関心を示している。前述のように、イスラームでは男性の二分の一ではあるものの、女性に遺産相続権が認められている。イスラームが創唱された七世紀初頭のアラブ世界では妻や女性に相続権を認める考えはどこにもなかったし、世界的にみても妻の遺産相続権を明確に規定した法律は近代までほとんどみられなかった。また、結婚契約書には離婚の際の慰謝料となる婚資の金額を書き記すことで離婚後の女性の生活を保証するというイスラームの女性観は、現在の基準からみれば不充分なものであるとしても、七世紀初頭の感覚としては、まさに想像を絶するほど画期的なものであった。しかし、このような女性観の理想態は、現実のイスラーム世界の女性たちを取り巻く家父長制社会のしきたりからは、理解されることがないままに、女性の生命や人権を無視した社会構造が定着していったということができる。

近年、ムスリム女性によってイスラーム思想をフェミニズム的に解釈しなおす研究がますます盛んになってきているが、そこから明らかになってきたことは、預言者ムハンマドは身近な女性たちを人間的に信頼し、差別的な行動は取らなかったという歴史的事実である。預言者としての召命を受けたムハンマドを励まし続けたのは最初の妻ハディージャであり、死の床まで預言者が誰よりも信頼を寄せていたのは最後の妻アーイシャであった。アーイシャは預言者が死んだ当時、わずか一八歳であったが、ムハンマドは彼女に対等の立場で接し、日常生活だけでなく、政治的かつ軍事的な面でも彼女の意見を尊重していた。アーイシャだけでなく、当時の女性たちは実際に武器を取って預言者とともに戦場に赴き、作戦会議にも参画した。しかし、イスラーム初期のこのような自由で高邁な女性像は、ムハンマドの死後、早急に消されてしまった。元来、強固な家父長制のもとにあったアラブ世界で、ムハンマドの女性観は、ある意味で例外的なものであったために、イスラーム共同体が政治的に整備される過程のなかで、女性の妻となり母となるという極めて生物学的な義務を、その義務のみを、課すようになって固定されてきたのである。ムハンマドが理想とした精神的倫理的な評価は、瞬く間に他の宗教思想と同様に、女性には与えられなくなった。

イスラームでは、人が生まれ成長し、配偶者を得て家庭を築き、生業に就いて社会活動を行い、子弟を養育して年老いる、という生物的にも社会的にも普通の自然な生き方こそが、神に喜ばれる生であり、人に与えられた使命である。そういう意味では、イスラームは在家の宗教であり、いわば公共宗教という性格をもち、社会こそが、あるいは共同体こそが、人が精神的にも日常的にも神に仕える場と考えられ、宗教的修業の場は日常生活のただなかにある。そう考えることによってはじめて、女性が家庭の外に出る時にヴェールを被り、人目を避けることの意義が明らかになる。女性は、彼女の美を家族以外の男性の目に触れさせないようにするべきであるという規定は、一般には女性が男性を性的に誘惑しないようにするためであるという解釈がなされる。しかし、それ以上に、女性にとって社会は極めて高度の「修業の場」なのである。あたかもキリスト教の修道女が黒衣の修道服に身を包むように、ムスリムの女性は家庭の外ではヴェールやアバーヤという「修道服」を纏うのである。

四　合法的結婚と自由婚の境界

イスラーム法によると、ムスリムの女性は同じムスリムの男性としか結婚できない。一方、男性はムスリム女性だけでなく、聖書を共有しているとして「啓典の民」と呼ばれるユダヤ教徒、キリスト教徒の女性とも正式に結婚することができる。結婚は男女の貞節に関わる問題を含んで展開するが、クルアーンには貞節や純潔は女性だけではなく、男女双方に課される道徳的義務であると記されている(二四章三〇―三一節)。

男の信者たちに言ってやるがいい。「(自分の係累以外の婦人に対しては)かれらの視線を低くし、貞潔を守れ」。それはかれらのために一段と清廉である。神はかれらの行うことを熟知なされる。信者の女たちに言ってやるがいい。かの女らの視線を低くし、貞淑を守れ。外に表われるものの外は、かの女らの美(や飾り)を目立たせてはならない。

クルアーンの記述に従えば、あらゆる道徳的義務の適用は男女双方に向けられなければならないはずであるが、とくに性道徳の規定は、現実には女性に対してとりわけ厳しい。たとえば、正当な婚姻外で性交を行ったと疑われた女性は、それが強姦によるものであったとしても、姦通の罪を着せられて死刑にまでなることがある。女性が男性をそのような行為に挑発したのが悪いとされるからである。このような女性観が「恥と名誉」を重要視する伝統のなかでとくに女性に対して鋭く、時には暴力的なまでに機能するようになってきたと考えられる。

したがって、イスラーム世界では若い女性の結婚をめぐる悲劇が、いまでも決して少なくない。親が決めた結婚に背き許されない恋をしたか、あるいは純潔を疑われた娘が、男性親族の手によって断罪される話は、よく語られることである。しかも、このような殺人は一族の名誉を護るための行為と考えられて「名誉のための殺人」と呼ばれ、犯人たちが殺人事件として裁かれることは、ほとんどない。クルアーンは以下に示す五章三二節にみられるように、人の命を何よりも大事にすることを教えているが、一部の法学者は、純潔を疑われる女性には「地上で悪を働いたという理由」があると判断するようである。

人を殺した者、地上で悪を働いたという理由もなく人を殺す者は、全人類を殺したのと同じである。人の生命を救う者は、全人類の生命を救ったのと同じである。

現代のイスラーム世界では、公的社会的側面では欧米法の影響を受けて制定された近代的な市民法が施行されているが、日常生活や家族の領域では、ほとんどの国・地域でイスラーム法が実施されている。とくに家族法は結婚、離婚、子女の養育、親権など、いわば私的な領域に対応するが、これこそ直接女性の生き方に関わる領域でもある。家族法によると、女性は、結婚前は父親か父系男性血族の支配下にあり、婚姻を機に父または父系男性後見人のもとを離れて夫に自身を引き渡し、夫の保護下に入り、夫に服従することによって扶養権を得て暮らす存在である。言い換えると、女性は男性にとっては性交の対象でしかなく、家族にとっては嫡子を成す道具である。そこにはクルアーンが高らかに謳いあげていた自立した女性の意志も人間性や人格の尊重も、まして命の尊重さえもみられない。女性はあくまでも後見人たる父系血族の家の所有物なのである。しかも、未婚既婚を問わず、女性は収入を得る能力のない者に擬せられており、今日的な意味では、いわば社会的弱者と措定されている。

しかし同時に、このような強力なイスラーム法の遵守義務の外側で、宗教法に則らない「結婚」の在り方もまた、社会的に承認されてきている。このような結婚は「ウルフィー婚」と呼ばれるが、いわば事実婚であり、法的に登録されていない「結婚」を指す。

イスラーム法的に正しい結婚では、複雑な婚姻儀礼のプロセスを通じて、男性（夫）による扶養義務と、女性（妻）による服従の義務が課せられる。婚姻に際して課せられる妻の義務は、いかなる場合でも夫に服従することによって得られる夫からの扶養を「妻の権利」と捉える逆転した立場でもある。

こうした双方に課せられる義務と権利は、男性が女性を扶養することが可能である場合にはうまく機能するが、昨今では、高等教育を受ける女性が多くなり、男性より女性の社会的地位や収入規模が高い例が珍しくなくなってきた。八木久美子は「従来、「正しい結婚」と考えられてきたものが、さまざまな意味で、若い世代の置かれた現実とは合わないものになっている可能性が高いのである」と言う（八木 二〇一六、一八八頁）。

ウルフィー婚は、現在のような婚姻届出制度の導入以前には、実際に何世代にもわたって、慣習的に柔軟に実施されてきた結婚形態であり、人々の間では、イスラーム法に準じた正式な結婚であると捉えられてきたことも事実である。八木によれば、ウルフィー婚には、無責任な同棲に過ぎないという批判もあるものの、今日の若者たちにとっての現実的で合理的な選択であるという立場を認める法学者も存在する（八木 二〇一六、一九二頁）。

五　イスラーム・ジェンダー論の行方

二〇一〇年にチュニジアで始まった「民衆蜂起」から八年が経過した現在、セクシャル・ハラスメントは北アフリカの国々でも改めて大きな問題となっている。長期にわたり独裁政権を敷いてきた指導者たちが一新され、社会的な変化も期待されたものの、結果としては、エジプトでは軍事的独裁政権が復帰し、リビアではいまだに統一政府が確定されないままである。チュニジアでは、かろうじて民主的政権が維持されており、新憲法では相続権も含めて、あらゆる面で男女同権が認められた。

しかし、こうした状況下で、ひそかに憂慮される事態も発生している。それは、政権交代を要求するデモや集会に、かなりの数の女性が参加したことによって、引き起こされる事態である。辻上奈美江によれば、エジプトの反政府デモに参加した女性たちが、純潔を疑われて誹謗中傷されるだけでなく、男性たちによってレイプされるという事件が発生して、大きな問題となった（辻上 二〇一四、四二―四四、一一四―一一六頁）。このような問題はエジプトだけで発生したものではなく、各地の反政府運動やデモに参加した女性たちに対して、体制側の男性や警察官による深刻なハラスメントが頻発している。

北アフリカの民衆蜂起を契機とするこのような現象については、辻上は、女性差別意識の拡大とともに、男性の劣等感、言い換えると男性性の弱体化という要因があると指摘する（辻上 二〇一四、一二二―一二五、二七七頁）。どの地域も民衆蜂起後は深刻な経済危機に見舞われていて、失業率はますます高くなっている。このような事態から、現代の女性を取り巻く問題には、イスラーム社会の独自性のほかにも、それぞれの地域の政治的・経済的要因もあることが明らかになる。

クウェイト出身でアメリカで活躍するカリード・アブ・エル・ファドル（Khaled Abou El Fadl）も、本来、「イスラーム的」ではない各地の文化的習俗が歴史の過程で正当化され、保守的な法学者によってイスラームの規範として取り込まれた結果、現在みられるような女性差別的な慣行を許してしまっているということを憂慮している。ムスリム女性の生き方の改善のためには、女性たちが勇気をもって積極的に社会に対して発言をし、宗教共同体のなかの決定機関にも参加していかなければならないであろう。そのためには女性も自ら行動を起こさなければならない。

二〇〇九年にはイランのジバ・ミール・フセイニ(Ziba Mir-Hosseini)などのフェミニスト活動家を中心として、ムスリムの家庭に男女平等と正義を求める国際的NGO「ムサーワー(対等)運動」が開始された。そういう意味では、世界で唯一、女性の自動車運転を禁止していた国サウジアラビアが、二〇一八年六月に、長い間の女性たちの悲願を受け入れて女性の自動車運転許可へと向かう勅令を発布すると同時に、公共空間への女性進出を試行し始めたのも、「女性自らが起こした行動」の成果であることは否めない。

しかし一方では、今日の変わりつつある世界のなかで、ムスリムたちは男女を問わず、精神的にも社会的にも、歴史上、味わったことがないくらいの困難な状況に直面しつつあることも事実である。イスラームが発祥してから今日まで約一四〇〇年となるが、これまでの時代のなかで現代ほどイスラーム法が厳格に解釈され、画一化されたイスラーム法の遵守が、一般社会のなかでさえ短絡的に声高に強要される時代はなかったようである。それと呼応するかのように台頭してきたイスラーム主義を掲げる各種の過激集団の暴力によって、世界からイスラーム社会に対して厳しい視線が向けられるようにもなってきている。

在家の宗教であるイスラームの宗教思想と、イスラーム法が規定する女性像、そしてそれぞれの地域に根強い因習、これらの女性を取り巻く幾重にも重なるアポリアのなかを懸命に生きるムスリム女性の生き方は、開放的だとみられがちな欧米や日本の女性たちの生き方と、それほどには変わらない。同じ人間として生きにくい時代を生きていることを自覚することによって、イスラーム世界の女性の実情が明らかになり、人間としての共感と相互理解を得る方途が開けてくるであろう。イスラーム・ジェンダー論の行方は、イスラーム世界の女性の前向きな意識を理解するだけでなく、同時に男女を問わず私たちの生き方そのものを、言い換えれば私たちの「命」に関わる問題を、明らかにするものとなる。

注

(1) 本稿で引用したクルアーンの日本語訳は、宗教法人日本ムスリム協会発行の『日亜対訳注解聖クルアーン』に依拠しているが、筆者が独自に訳した箇所もあることをお断りする。

参照文献

アブ・エル・ファドル、カリード 二〇〇八、米谷敬一訳『イスラームへの誤解を超えて――世界の平和と融和のために』日本教文社。

鵜飼哲 二〇一五、「イスラームと女性の地位――まず、知るべきこと」越智博美・河野真太郎編著『ジェンダーにおける「承認」と「再分配」――格差、文化、イスラーム』彩流社。

後藤絵美 二〇一四、『神のためにまとうヴェール――現代エジプトの女性とイスラーム』中央公論新社。

塩尻和子 二〇〇七、『イスラームを学ぼう――実りある宗教間対話のために』秋山書店。

塩尻和子 二〇〇八、『イスラームの人間観・世界観――宗教思想の深淵へ』筑波大学出版会。

塩尻和子 二〇一五、『イスラームを学ぶ――伝統と変化の二一世紀』NHK出版。

末近浩太 二〇一八、『イスラーム主義――もう一つの近代を構想する』岩波新書。
辻上奈美江 二〇一四、『イスラーム世界のジェンダー秩序――「アラブの春」以降の女性たちの闘い』明石書店。
辻上奈美江 二〇一六、「テロリズムとジェンダー――「イスラーム国」の出現と女性の役割」塩尻和子編著『変革期イスラーム社会の宗教と紛争』明石書店。
堀井聡江 二〇一六、「シャリーアにおける飲酒の是非――イスラーム的規範の多元性」『宗教研究』三八六号。
嶺崎寛子 二〇一五、『イスラーム復興とジェンダー――現代エジプト社会を生きる女性たち』昭和堂。
宮治美江子 二〇一六、「イスラーム社会とジェンダー――マグリブ女性の事例を中心に」塩尻和子編著『変革期イスラーム社会の宗教と紛争』明石書店。
八木久美子 二〇一六、「アラブ・ムスリム社会における結婚をめぐる語り」『東京外国語大学論集』九三号。
柳橋博之 二〇〇一、『イスラーム家族法――婚姻・親子・親族』創文社。
Abou El Fadl, Khaled 2001, *Speaking in God's Name, Islamic Law, Authority and Women*, One World.
Mir-Hosseini, Ziba, "Towards Gender Equality: Muslim Family Laws and the Shari'ah" http://www.musawah.org/sites/default/files/Wanted-ZMH-EN.pdf(二〇一八年一〇月一二日閲覧)。

URL

①ムサーワー運動 http://www.musawah.org/(二〇一八年一〇月一二日閲覧)

第８章　疑似コロニアルな宗教概念に抗するスカーフ
――消費主義時代のトルコを事例として

澤江史子

一　はじめに

近代とは西洋近代がグローバルな覇権と支配力を確立していく時代であり、西洋近代以外を西洋近代の二項対立的ヒエラルヒーの想像世界に組み込む側面を持った。つまり、優劣判断を内在させたこの二項対立の序列によって、非西洋近代世界との対比において西洋近代に優れた属性を付与するような強いバイアスが、私たちの想像力を規定してきたのである（サイード　一九九三）。近現代とは、非西洋世界にとって、こうした二項対立的価値のヒエラルヒーに直面し、その規範を内面化したり、抗ったりする時代だといえる。

世俗と宗教や、それに連なる問題群の一つである政治と宗教という二項対立は、おそらく最もそのような規範的バイアスが強く維持されている問題設定の枠組みである。西洋近代の政治は世俗的であり、それゆえに個人の自由や人権、民主主義、多様性への寛容がそこでは可能となり、非西洋近代世界は世俗化が不十分か、そもそも世俗化が無理な宗教がはびこっているために、そうした近代政治の価値規範はそこでは生まれないし、根付かないと想像されるのである。そして分離が不可能な宗教は、二項対立的な価値判断において劣位に置かれるだけでなく、矯正的介入も致し方ない、問題の根源とさえみなされることもある。

ところが、そのような暗黙の、そして多くの場合、外からの一般論における専断とは対照的に、具体的な文脈では宗教に関わる多様な想像が生まれる。人類学者のサバ・マフムードはそのことを、一九世紀のオスマン帝国を巡る状況を例に、以下のように要約する。

宗教的自由は〔略〕アクターごとに異なる含意を持っていた。たとえば、キリスト教宣教団や欧州のその支援母体にとっては、オスマン帝国で自由に宣教できること、改宗実現のための重要な手段だった。オスマン帝国にとっては、台頭する宣教団に対して「自国の宗教を防衛する自由」であり、帝国のイスラーム色を確立する手段だった。オスマンのキリスト教徒の多くにとっては、体系的差別や時おりの暴力に対処するために欧州の保護を取り付ける際に援用すべき主要な用語の一つだった。いずれにしろ、すべての利害関係者にとって、宗教的自由の意味と実施をめぐる闘争は、自分たちの立ち位置がどこであろうとも、地政学的闘争と主権の問題と結びついた問題だった(Mahmood 2012, p. 423)。

マフムードは、宗教マイノリティという概念自体がそもそも西洋帝国主義政策との関わりで形成されてきたとも指摘する。

また、歴史学者のジェミル・アイドゥンは、オスマン帝国は人口の半数が非ムスリムであり、イスラームの聖典に動機づけられた「ムスリム帝国」という意識はもちろん、キリスト教世界と別個にイスラーム世界が存在しているとの観念もなかったと指摘する(Aydın 2013)。一九世紀も末になってから、オスマン自身を含む広くムスリム多数派地域の各地が西洋近代帝国主義と直面する中で、帝国主義やキリスト教西洋に対するムスリムの連帯と抵抗という言説が定着していったというのである。

オスマン帝国はこの時代に、世俗的であるはずの西洋列強が支援するキリスト教諸民族の分離独立の結果、領土を次々失った。他方で、ムスリム多数派地域は独立ではなく、西洋諸国によって植民地や委任統治領として分割された。民族自決を大義とする時代に、欧州キリスト教多数派地域は独立を認められ、ムスリム多数派地域は植民地化されるという対照的な扱いをうけた。

宗教を誰の観点からどう問題にするかについては多様な想像の仕方があるとしても、非西洋世界の近代においては、西洋近代帝国主義の文脈が想像を規定するため、欧化主義勢力はもちろんのこと、非西洋的宗教文化に立脚した近代化を志向する勢力も、ともに西洋近代の宗教概念を前提とする思想や制度に直面し、それに対して、好むと好まざるとにかかわらず、積極的受容と拒絶の両極の間のどこかの態度をとることになった。このことは、非西洋世界の宗教や宗教に対置されるものとしての世俗という概念について、西洋近代とのコロニアルな関係という観点から理解される必要があることを意味する(Mandair and Dressler 2011, pp. 10, 17)。直接的に植民地化を経験したか否かにかかわらず、非西洋世界のほとんどは、西洋の近代帝国主義との関係のなかで国家や国民の形成や対外関係構築を果たしてきた。その過程は、いみじくも西欧の近代国家形成過程がそうであったように、当該社会の宗教の位置づけや許容されるあり様をめぐる闘争過程でもあった。ただしそれが西欧と異なるのは、それが当該社会の内的ダイナミズムとして完結したわけではなく、西洋近代を頂点とするグローバルな価値規範のヒエラルヒーへの組み込みという文脈において展開したことである。ここにおいて宗教は国内政治や外交に常に付きまとう要素、あるいは国政や外交が展開される一大領域であった。

このような政治と宗教をめぐるコロニアルな関係性は、帝国主義の時代とともに終わったわけではなく、現在も継続している。本稿ではそのことをトルコを事例にみていきたい。トルコは植民地化を免れながらも、オスマン帝国が帝国主義によって分解されて残った残部国家である。また、ムスリム多数派諸国の中ではおそらく唯一の、国家の法体系を完全に西洋由来のものに置き換えるほどに徹底した世俗主義の国家である。この国家と宗教の関係にはトルコ建国期の西洋近代との疑似コロニアルな関係性をみてとれるが、それはその後、今日まで連綿と続いてきている。以下に、そのことをトルコのEU加盟交渉において宗教的自由にかかわる問題がどのように扱われているのかを、スカーフ問題やマイノリティ宗教の扱いを例に確認する。その上で、しかしそうした疑似コロニアルな関係性を脱構築するような、現代の日常生活の中のスカーフのあり様が顕在化してきていることについて、消費主義という非常に近代的な経済文化的で世俗的な側面に着目しながら考えてみたい。

二　宗教的自由

前述のとおり、近代以降の西洋諸国の対外政策は、宗教教義に直接かつ公然と依拠している訳ではなくとも、一般的に宗教中立的とはいえない価値基準に依拠していることが多い（その例外は、キリスト教右派の影響を受けたアメリカ政府の親イスラエル政策であろう）。最近の例でいえば、トルコのＥＵ加盟の最大の障壁は、結局はトルコ国民の圧倒的多数がムスリムであることにある。そうでなければ、政治経済的な基準のみで議論されるべきところであるが、底流ではトルコが欧州か否かを、国民多数派の宗教アイデンティティと絡める否定的議論が渦巻いてきた。しかもそこには単なるアイデンティティ相違の問題を超えて、トルコやイスラームに対するＥＵの疑似コロニアルなまなざしが見て取れるのである。以下に、ＥＵのトルコ加盟交渉進捗報告書が「ムスリム・トルコ」における宗教的自由や差別を問題とする仕方に、そのことをみていく。

進捗報告書は、一九九七年一二月にトルコが加盟交渉対象国と認定されたことを受けて、翌年からほぼ毎年、トルコが加盟基準に照らして問題を改善したかどうかを検討した評価報告書である(1)。そこでは宗教マイノリティの宗教的自由や差別の問題が頻繁に取り上げられてきたが、少数派宗教に関わる問題がその圧倒的多数を占めていた。対して、国民の多数派であるスンナ派イスラームにまつわる問題は等閑視に等しい扱いだった。

トルコはスンナ派ムスリムが国民の圧倒的多数を占めるが、共和国建国以来、世俗的で西洋的な近代国家の建設を目指し、それに反対するイスラーム勢力を弾圧してきた(2)。しかし、同時に共和国初期から、この国是に矛盾するようであるが、信仰深い国民を馴致し、次第に世俗化へと導くために、スンナ派イスラームを管理統制する国家機関として宗務庁が維持された。ところが、民主的選挙で政権を掌握しようとする政党は国民の宗教的な需要に応える必要があり、議会制民主主義の定着とともに、スンナ派イスラームの宗教教育や宗教サービスはむしろ拡充され、憲法で禁じられているはずの国家統制外の宗教組織も政治化しないかぎりは黙認された。そうした中、一九九〇年代には、世俗主義原理によるスンナ派イスラームの統制や新欧米外交を批判するイスラーム系の福祉党(一九八三年設立)が急速に支持率を伸ばした。同党が一九九六年に連立首班として政権を手中にすると、欧化主義で世俗主義的なエリートの危機感は切迫したものになった。

EUのトルコ進捗報告書が初めて出された一九九八年は、そうした状況の中、福祉党連立政権に対し、世俗主義の護持を掲げる軍部のリーダーシップの下、野党、司法、メディア、経済界の伝統的世俗主義エリートが連携して反政府キャンペーンを開始した翌年にあたる。そのキャンペーンの一環として福祉党非合法化裁判が開始され、この年の一月には非合法化されている。イスラーム系メディア弾圧も起きていた。また、大学を含む教育機関や国家機関でスカーフ着用が禁止された。共和国市民の西洋近代性を体現すべき学生や公務員がスカーフを着用することは、国是に違反してイスラーム国家樹立を目指す思想の表明とみなされた。スカーフ禁止によって、多くの女性が教育をあきらめたり、教職員や公務員の職を追われ、政治社会的な大問題となるとともに、当事者を中心としたデモ活動も組織された。さらに、当時、イスタンブル市長だったエルドアン現大統領が政治集会で朗読した詩が扇情的であるとして、実刑判決を受け、被選挙権永久剝奪(後に民主化改革を受けて被選挙権回復)と収監を経験したのもこの年である。この激動のさなかに出された一九九八年報告書(一〇月発表)では、エルドアンへの実刑判決や軍批判が自由でないことが言論の自由の侵害として批判され、世俗主義擁護のためとする軍の政治介入や軍内のパージにも言及があった。しかし、福祉党非合法化やスカーフ問題など、その他のイスラーム復興勢力弾圧については、言及されなかった。

その後、トルコではエルドアン率いる公正と発展党政権下の二〇一三年秋に、スカーフが公的機関で自由化され、スカーフ着用による教育権や働く権利の侵害はなくなった。しかし、二〇一四年の報告書ではこのことが簡単に言及されただけだった。そもそも、この年までにスカーフ禁止がもたらした政治社会的な問題に年次報告書が言及したのは二〇〇一年のみである。それも、福祉党の後継政党である美徳党（一九九七年設立）が同様に非合法化されたことについて、同党から選出された女性議員がスカーフ着用者であり、その服装のまま議場に入って宣誓しようとしたことが非合法化理由の一つとされたことに言及したに過ぎない。トルコで当事者女性らが参加する大規模なデモが何度も組織されて主要な政治社会的関心事となり続けていたことや、当事者女性たちがセルフヘルプの活動を人権団体組織化へと発展させ、国連など国際社会に訴えかける活動を展開していった期間がまさに進捗報告書作成開始以後の時期にあたることを考えると、ＥＵの報告書でこれほどまでにスカーフ問題が取り上げられないことは注目に値する。

報告書におけるスカーフ問題の扱い（扱わないこと）は、フランスを始めとして欧州でもスカーフ問題が起きていたことや、トルコのスカーフ着用者が欧州人権裁判所に提訴したものの敗訴していたことから、その理由が推測できる。同裁判所判決を比較分析した研究は（Slotte 2015）、同裁判所がリベラルで世俗的な宗教概念を前提として何が擁護されるべき宗教的自由かを判断しているにもかかわらず、トルコの世俗主義とイスラーム復興の摩擦に関わるスカーフ問題や福祉党非合法化については、他者の宗教的自由の侵害可能性の有無という、リベラリズムの宗教的自由制限の基準によって検討することなく、世俗主義国家による制限を認めていると指摘する。つまり、そこにはイスラームに対する予断が介在している可能性を示唆するのである。また、欧州の複数の国でのスカーフ禁止の論理を比較検討したヨプケ(二〇一五、vi—viii頁)は、ドイツはリベラリズムをキリスト教西洋のアイデンティティと同一視するがゆえにスカーフを拒絶しており、それは排他的ナショナリズムだと批判するが、フランスはリベラルな生の様式を重視してスカーフを禁止しているので、リベラリズムの一つのあり方だと擁護する。ここにはスカーフが着用者個々人にとってどのようなものでありうるのかについて検討し、他者の宗教的自由との両立可能性を探ろうとするリベラリズム本来の姿勢はない。西洋近代的なリベラリズムがそれ以外の価値規範に対して優れているとの立場から、他の価値規範の妥協を一方的に要求し、それを国際的な現実政治と価値規範のヒエラルヒーの両面において強制する権力を持つ点で、スカーフ問題は現代の疑似コロニアルな関係の象徴事例といえよう。

その一方で、イスラーム少数派や非ムスリムの宗教的自由についても、分量の多寡はあるものの、頻繁に取り上げられてきた。たとえば、一九九八年の報告書では、公教育で宗教の授業がスンナ派イスラーム中心の内容であるにもかかわらず必修であり、一部の非ムスリムを除いて免除対応がなされていないことのほか、宗務庁が宗教サービスを提供する唯一の国家機関としてスンナ派イスラームだけを支援していることが問題とされている。しかし、宗務庁が本来は世俗主義国家によるスンナ派イスラームの管理統制組織であって、スンナ派ムスリムが国家統制から自由に集団的信仰実践を行えたわけではなかったことには目配りがない。取り上げられるのは常にスンナ派イスラーム以外の宗教コミュニティが直面する問題だった。

いかに国民の多数がスンナ派であるからとはいえ、スンナ派的な信仰実践への介入や、そうした世俗主義への反発でもあるイスラーム復興への弾圧について圧倒的に扱いが少ないことは印象的である。同様の反応は、一九九〇年代にアルジェリアで民主化後にイスラーム系政党が台頭した際にも見られた。世俗主義派の軍部がイスラーム系政党を弾圧したことをきっかけに内戦状態になったが、西洋諸国はイスラーム勢力危険視に傾いており、「イスラーム勢力の民主主義ハイジャック」論が説かれ、軍部の介入は黙認された。トルコでも「アルジェリア化」を心配する世俗主義派の声が頻繁に聞かれた。イスラーム系政党の躍進やその社会的現れともいえるスカーフ着用女性の主流社会への参画は、それ自体が対処すべき問題ではあっても、擁護される民主的権利や個人の宗教的自由ではなかったことが、報告書の扱いにみてとれるのである。

三　シンボルの複合体としてのスカーフ

興味深いことに、世俗主義体制下のトルコや欧州諸国でスカーフが西洋近代的政治社会からの逸脱や反抗として問題にされたその時期に、スカーフが必ずしも西洋近代への二項対立的他者を意味しないことも明らかになりつつあった。つまり、スカーフは西洋的なもの、近代的なもの、世俗的なもの、共同体に対する個人の屹立などを否定するものとは限らず、着用者によってその程度はさまざまであっても、むしろそうしたものを反映したり、体現しているとさえ思われる。

そもそもトルコ女性の六―七割は何らかのスタイルでスカーフを着用しているといわれている。これは筆者の印象論ではあるが、伝統的な女性ジェンダー規範の一環として着用している場合、生まれ育った環境とそれほど変わらない条件下（たとえば地方都市や農村、あるいはそういった地域からの移民が集住する大都市の住宅街）で、多くは農家や一般家庭の主婦として母親世代と同じような生活をし続けていく場合、母親たちとそう変わらないスカーフ着用のスタイルを受け継ぐことが多く、髪が一部のぞいたり、首は隠さなかったり、ルーズなかぶり方をする人も少なくない。他方で、母親や本人が大学進学や就職など近代的で都市的な生活をするような場合、本人の宗教的な知識や意識がどのようなものかにかかわらず、伝統的なスタイルに比べると、しっかりと頭部や首をスカーフで覆うスタイルが多い。スカーフ問題がトルコで起きたのは、スカーフを着用する女子大生が登場したことが引き金であるが、彼女たちは高学歴でキャリア志向で都市生活者でありつつ、しかしイスラーム実践も熱心である点で、従来の世俗主義エリートのプロトタイプに当てはまらないエリート予備軍だった。彼女たちは母親たちのスカーフの着用の仕方がどうであれ、髪や首だけでなく腕や足もしっかり隠し、体のラインが強調されることのないゆったり目の長い上着を身に着けることが多く、しかし、柄物のスカーフやある程度はデザイン性を意識した服装を選んでいた。都市化や女性の高学歴化といったトルコ社会全体の社会変容に伴い、伝統的なスタイルは次第に駆逐されつつある。

ところが、スカーフ問題がトルコ内政を揺るがした時代には、スカーフは消費主義文化の発露ともなっていた。イスラーム復興が政治領域で台頭した時期のトルコでは、新興中産階級が拡大し、それと連動して消費主義文化が発展していた。一九八〇年代末から一九九〇年代初頭には、経済自由化と親イスラーム路線の融合を果たしたオザル政権が、二〇〇二年以降は美徳党の後継政党である公正と発展党(二〇〇一年設立)の政権が、この流れを牽引した。両政権と密接な協力関係にあるイスラーム系企業が、食品や衣料、家具など、生活・住宅関連産業における大衆基盤の消費主義の高まりと相まって成長してきた(澤江 二〇〇三)。スカーフ着用者にも消費主義は蔓延し、スカーフ着用者用のファッションショーやファッション雑誌も誕生し、かつては慎みや節制、清貧がイスラームの美徳であるとされ、女性美を競う外観上のおしゃれや化粧はタブー視されていたのに対して、スカーフの着用の仕方も多様なバリエーションが考えられ、高級ブランドや毎年の流行、服装全体のコーディネート、値段が話題にされるようになった(Gökarıksel and Secor 2009)。

公正と発展党政権期には、スカーフを着用する政府要人の妻が初めて登場し、彼女らのファッションも関心の対象になった。要人の妻たちは、夫に同伴して外国要人夫妻との公式行事に臨む機会が多く、そこで国力や文化的洗練度を相手国や国際的に印象付けるだけでなく、自国民にも国家指導者の威信を示す必要がある。同政権期に首相や大統領を務めてきたエルドアンの妻エミネは、化粧をして特注の服を身にまとい、メディアに露出するのが常となった。ムスリム・アイデンティティを維持しながらトルコが経済発展と大国化を遂げつつあることに多くの国民が誇りを抱き、そのような国民の指導者の妻としてエミネがファッションや化粧に気遣いをすることは当然であり、かつ必要なことだった。ファッションという考え方は伝統的なイスラーム的規範と抵触しかねない微妙な問題であったが、対外的ナショナリズムや国内世俗主義派からの承認欲求など、多様な感情や基準が関わることで、彼女らのファッションを肯定することはもちろん、模倣しようとさえする女性も党支持者を中心に少なくなかった。

日常生活のレベルで、街角で遭遇するスカーフもかつてとは様変わりしてきている。筆者が驚いた服装としては、丈が長いスカートであってもスリットがかなり深いものや、かなり体の線がはっきりみえるもの、あるいはひざ丈のスカートに網タイツをはいて、けれどスカーフをまとっているというものがあった。街中でたまたま通りすがった人に、まさかスカーフと信仰の関係を聞くわけにはいかず、本人がどう考えているかは全く不明である。しかし、スカーフ問題が起きてきた社会であるということは、スカーフが伝統的なエリート層、つまり社会階級の序列の上位層からは明らかに忌避すべき服装とされていることを意味する。それにもかかわらず、そのようなスカーフが消費主義に伴うファッションの一形態に化したことは、どう理解すればよいのだろう。

トルコにおけるスカーフのファッション化をスティグマ(烙印)の克服という観点から分析したサンドゥクチュとゲル(Sandikci and Ger 2010)は、スカーフは社会の支配的集団が自分たちを優位におく際に、劣位に位置付ける集団をステレオタイプ化しながら区別する目印として機能してきたが、その支配的集団の外の人々にとってそれがその人らしさ(人格や個性)や美的価値観や感性を肯定的に表現する選択肢として魅力を増すことで、脱スティグマ化が可能になってきたと述べる。これは、旧来の世俗主義エリートに対抗するイスラーム的エリート層が形成されてきたこと、そうした社会集団間の権力関係のバランスの変化と関わり合いながらイスラーム的ファッション産業が発展してきたおかげで、イスラーム服もステータス・シンボルとなりえる状況が生まれたことと相補的な過程だといえる。しかもイスラーム的ファッションは、現代の西洋的ファッションと二項対立的というよりは、むしろその要素も存分に取り入れながら、着衣に関わるイスラーム的ジェンダー規範を満たすことで、現代ムスリム女性の美的ニーズに応えようとするものなのである。

スカーフは日々の信仰実践の表れであり、かつ極めて日常的な服装であるがゆえに、アイデンティティやファッションの面も兼ね備える。つまり、「イスラームの厳格な女性規範」の象徴として注目されがちなスカーフに、それに備わるそもそもの宗教性とともに、世俗主義エリートへのカウンター・イデオロギーとして政治性を意識する人もいる。さらには流行という面で刹那的で、直接的に教義を意識しないという意味で世俗的で、他人とは違う個人としての承認欲求という点では俗世的といえる性質をも、同時に帯びることもある。外見上まったく同じ服装であっても、教義を意識する比重が当人にとって小さければ小さいほど、より世俗的なスカーフであろうし、当人がイスラームの服装規定と自身の美的感性の満足の両立を追求した結果であれば、それは十分にイスラーム的なはずである。このような消費主義時代のスカーフの隆盛は、西洋中心主義的な近代化論が内在する世俗化期待と、それへの抵抗の一方法として抑圧的な女性規範を主張する保守的イスラーム主義の両方が、予想しないかたちで裏切られたことを示している。このようなスカーフのあり様は、宗教が、リベラリズムにとって「適正な」宗教概念に収まらない形で、しかも政治性や世俗性も喚起する、宗教的なものの変幻自在なポテンシャルを示しているように思われる。

四　おわりに

世俗と宗教、あるいは政治と宗教という、近代西洋の世俗権力が自らの権力最大化と維持のために都合よく規定した二項対立の概念は、現実世界において相互排他的に棲み分け可能な二つの圏ではありえない。宗教は規範や人格の一部であり、また政治的、非政治的なさまざまな種類のアイデンティティの構成要素であり、意図して表現されるか、意図せずしても外面に表れるかにかかわらず(たとえば、フランスのスカーフ禁止の文脈で、しばしばスカーフを信仰の明示的表現と解釈し、そのような宗教的自由を公共空間や教育機関で認めるのかどうかという議論がなされるが(たとえばヨプケ 二〇一五、第二章)、イスラーム解釈に従った行為の結果として本人の意図とは無関係に信仰がスカーフとして外面に表れているだけという見方も可能なはずである)、そのような構成要素からなる人格的な個人として公共生活に参加する限り、当然ながら宗教的なものは政治や公共生活の多様な場面で顔を出すはずである。そして、トルコにおける近年のスカーフのあり様にみたように、それは宗教復興の表れであることもあれば、世俗化傾向を象徴することもありうる。このようにスカーフに単一の意味付けをすることが困難となると、スカーフの許容と禁止の線引きはリベラリズムにとっても至難の業となるはずである。スカーフに限らず、より一般にイスラーム復興が現代の社会生活においてあまりに一般的になり、日常にありふれてしまうと、イスラーム的でありかつ世俗的な混然一体性が、イスラームの理解や実践の多様化や個人化ともあいまって、宗教と世俗の単純な切り分けを不可能にするのである。

西洋中心主義的な価値規範や概念を前提として宗教的なものを捉えるという疑似コロニアルなまなざしが変わらない限り、スカーフにみたように、非西洋世界の宗教、特にイスラームは、西洋近代的な(国際・国内)政治との関わりにおいてほぼ自動的に政治的にされてしまう。イスラームが政治と宗教を区別するかどうか、という問題以前に、このような疑似コロニアルなまなざしがイスラームと政治とを区別させないという構造的問題が、ここに浮かび上がる。トルコでそれを脱構築する動きが起きても、疑似コロニアルな関係性はグローバルな権力構造に下支えされているだけに、その関係性の清算は容易ではないだろう。しかし、同様の現象が、グローバル消費主義文化の中心である西洋社会でもムスリム・コミュニティの外部とも連動しながら権力関係の変容を生み出すならば、グローバルな構造的脱構築を語れるようになるのかもしれない。

付記　本稿は、科学研究費助成事業(基盤(c)：課題番号26360002)および人間文化研究機構地域研究推進事業「現代中東地域研究」の成果である。

注

(1) 一九九八年以来の各年の進捗報告書はトルコのEU関係省公式ホームページより閲覧可能(https://www.ab.gov.tr/46224_en.html　二〇一八年九月三〇日閲覧)。

(2) 以下の、トルコにおける世俗主義とイスラーム主義の相克については、とりあえず澤江(二〇〇五)を参照。

参照文献

サイード、エドワード　一九九三、今沢紀子訳『オリエンタリズム』上・下、平凡社。
澤江史子　二〇〇三、「イスラーム復興の企業家精神——トルコのMÜSİADを事例として」小松久男・小杉泰編『現代イスラーム思想と政治運動』東京大学出版会。
澤江史子　二〇〇五、『現代トルコの民主政治とイスラーム』ナカニシヤ出版。

ヨプケ、クリスチャン 二〇一五、伊藤豊・長谷川一年・竹島博之訳『ヴェール論争——リベラリズムの試練』法政大学出版局。
Aydın, C. 2013, "Globalizing the Intellectual History of the Idea of the 'Muslim World'," in S. Moyn and A. Sartori eds., *Global Intellectual History*, Columbia University Press.
Gökarıksel, B. and A. Secor 2009, "New Transnational Geographies of Islamism, Capitalism, and Subjectivity: The Veiling-Fashion Industry in Turkey," in J. Pink ed., *Muslim Societies in the Age of Mass Consumption: Politics, Culture and Identity between the Local and the Global*, Cambridge Scholars Publishing.
Göle, N. 1996, *The Forbidden Modern: Civilization and Veiling*, The University of Michigan Press.
Mahmood, S. 2012, "Religious Freedom, the Minority Question, and Geopolitics in the Middle East," *Comparative Studies in Society and History*, vol. 54, no. 2.
Mandair, A. S. and M. Dressler 2011, "Introduction: Modernity, Religion-Making, and the Postsecular," in Mandair and Dressler eds., *Secularism and Religion-Making*, Oxford University Press.
Sandikci, Ö. and G. Ger 2010, "Veiling in Style: How Does a Stigmatized Practice Become Fashionable?" *Journal of Consumer Research*, vol. 37, no. 1.
Slotte, P. 2015, *The Religious and the Secular in European Human Rights Discourse* (Legal Studies Research Paper Series No. 35), Faculty of Law, University of Helsinki, https://papers.ssrn.com/sol3/papers.cfm?abstract_id=2592380(二〇一八年九月三〇日閲覧)。

第9章 「宗教の自由」をめぐるアメリカの分断状況
――国内の論争と外交政策

ジョリオン・トーマス

一 はじめに――問題の所在

一九九八年に米国国際宗教自由委員会(United States Commission on International Religious Freedom: USCIRF)を設置して以来、アメリカ合衆国は宗教の自由[1](信教の自由 religious freedom)に対する違反行為を摘発しようと世界中を監視してきた。委員会は、世界各国の宗教の自由の現状に関する報告書を毎年作成している。その中では、宗教の自由の侵害が問題化しているミャンマー、シリア、中央アフリカ共和国といった国々にスポットライトが当てられている。そうした国々は「特に懸念すべき国」と表現されることもある。その他の国々は、日本を含め、主としてアメリカの戦略的利益に関係する限りでこの報告書に登場する。二〇一七年度の報告書では、やっかいな北朝鮮に圧力をかけるためのアメリカの地域的パートナーとして、日本は二回言及されている[2]。つまり、アメリカの地政学的関心の下では、宗教の自由は、国によってあったりなかったりするものとして現れる。アメリカの友好国にはそれがあり、敵対国にはたいていい欠如しているとみなされるのが、宗教の自由というものなのだ。

奇妙なことに、世界各国の中でアメリカだけはこの年次報告書に決して登場しない。このことが示唆するのは、アメリカはアメリカ自身にとって宗教の自由に関する盲点だということである。その一方で、宗教の自由はアメリカの建国神話の核心である。殖民による植民地主義[3](settler colonialism)とそれに伴うアメリカ先住民の土地と権利の剝奪という不都合な真実から目を背け、伝統的な建国物語は、アメリカはピューリタンによる宗教の自由の希求から始まったと語ってきた。だが、近年の研究によれば、アメリカ人が自負する宗教的寛容という理念は、何十年にもわたる反カトリックおよび反ユダヤ的憎悪を経て、二〇世紀に入ってやっと見出されたものなのである。それは一九三〇年代前後から、アメリカ人が共有するとされる「ユダヤ・キリスト教的価値」についての定型的な政治的言説の中に頻繁に現れるようになった。ところが、今日、政治家や評論家が宗教の自由について語るときには、決まりきったように、一七九一年に採択された合衆国憲法修正第一条にうやうやしく言及し、その制定以来、アメリカでは国教の樹立を厳密に禁じるとともに、宗教的信念と実践の自由な行使を保障してきたと論じるのである。

しかしアメリカ人は、自国において宗教の自由が実際にどれほど保障されているかについてかなりの懸念を抱いており、そもそもそれが何であるかについても全く意見が一致していない。最近、同性愛や避妊を嫌悪するキリスト教徒の事業主が、宗教の自由に訴えることで、顧客や従業員の差別的扱いを正当化しようとした事件(後述)が相次いだ。この動きに対する反発は激しいものだった。リベラル派の論客は、宗教の自由を求める権利は法の下の平等という権利を凌ぐものではないと主張している。こうした最近の議論は、アメリカ人が長年にわたり「自由」にとらわれてきたことを反映しているだけでなく、複雑な植民地主義の歴史、継続的な移民の波、それに伴う反移民感情の波、黒人の奴隷化と今なお続く差別、ジェンダー規範と性的志向に関する論争などを反映するものでもある。要するに、アメリカの宗教の自由という理念をめぐっては、常に激しい対立があったのだ。その利害の範囲は必ずしも宗教それ自体にとどまらず、土地、人種、科学、企業の利益にまで及んできた。

ここに紹介する三編の小論[4]は、アメリカの宗教の自由をめぐる複雑な政治に対する、アメリカの第一線の学者たちによる批判的かつ果敢な取り組みを示している。著者たちは、宗教の自由に対する企業の権利についての物議を醸した最高裁判所の判決と(サリヴァン、イムホフ)、アメリカが一層強化している世界各国の宗教の自由の侵害に対する監視行為(ハード)について考察している。ウィニフレッド・サリヴァンはこの小論において、アメリカの宗教の自由の理念が根本的に破綻していることを、その論理的誤謬を突くことで批判している。またサラ・イムホフは、宗教の自由という理念は、人間諸個人が受ける苦痛を最小限にするための手段であるはずなのに、企業という法人――苦痛を感じられる身体を持たない法律上の人格――が、アメリカの裁判所で宗教の自由を訴え、勝利したことを示す。イムホフによれば、企業が勝訴したのは、最高裁判所が依拠する法解釈が信仰中心的な宗教の定義[5]に基づいていることと、企業が宗教教団のように組織されていることによる。

アメリカ国内における宗教の自由をめぐる複雑な政治は、その外交政策にも影響している。エリザベス・ハードの小論の主張はこうである。アメリカは、宗教をアクターの集合体とみなすことで、宗教の違いを実体化し、その果てに、「良い」宗教と「悪い」宗教を措定してしまう。それは、一部の宗教アクターには政治的特権を付与する一方、他の宗教アクターを見捨ててしまう外交政策に帰結し、問題を起こしている。ハードが疑問を呈しているのは、「真の」宗教の自由の模範かつ拠りどころとして、アメリカは世界の地政学的秩序をリードしていくことができるし、しなければならないという考えそのものである。

宗教の自由を他国に広めるというアメリカの企ては、歴史上、日本には直接的な影響を及ぼしてきたし、前述の米国国際宗教自由委員会の年次報告書を見れば、今なおそうであると言える。私自身は、以下に紹介する小論の著者たちの見解も踏まえながら、軍事的占領を通じた他国への宗教の自由の拡大というアメリカの企てを研究している。特に、連合国軍占領下の日本において、アメリカが宗教の自由に関して一貫しない政策とレトリックを用いたことに注目している(Thomas 2019)。アメリカの占領軍は当初、自分が使っている宗教の自由という言葉の意味を理解していなかったのである。しかも、占領軍には日本に(国教ではなく)宗教の自由を「樹立」するという使命があったので、日本国内にはそれまでも信教の自由をめぐる日本人による議論が存在していたということをすっかり見落としてしまった。すなわち、過去五〇年の間に日本の宗教者、議員、政策立案者が信教の自由とは何か、宗教と自由をどう定義すべきか、そして憲法上で信教の自由が保障されるならばその恩恵にあずかるのは誰か、という問題について議論してきたという明白な歴史的事実を、占領軍は当然のように看過したのである。日本の議員や政策立案者は信教の自由を無視してきたわけでも、過小評価してきたわけでもなかった。むしろ戦前の記録を見れば、様々な利益団体が、その時々の必要に合わせて、「宗教」と「自由」の概念を広く定義したり狭く定義したりしていたことがわかる。それは継続的でかつ共同の試みだった。その結果得られた解釈はたいていリベラルなものではなく、厳しい取り締まりを導いたが、とはいえそのような解釈は憲法に基づいたものではあり、超法規的措置がとられた結果ではなかった。

以上のことから、宗教の自由とは、国によってあったりなかったりするものではなく、国家的枠組みの中で特定の利益団体がたずさわる企て(project)であると考える方が有益であると思われる。日本とアメリカにおける宗教の自由論争の分析は、ある者が宗教の自由という理念を主張する際、自分の特定の利益に適うように言葉を操作的に定義していることを明らかにするならば、より実り豊かなものになるだろう。逆に、宗教の自由は何の問題もなく憲法によって保障され、警察によって公平に守られ、裁判所によって公正に評価されていると単純に考えていては、不毛な議論しかできないだろう。アメリカ人と日本人双方にとっての問題は、誰が「宗教」と「自由」を定義しているのか、その際どのような基準が用いられているのか、それはどのような目的のためにか、ということなのである。

二　「宗教の自由」の不可能性(要約)(6)

ウィニフレッド・F・サリヴァン(7)

二〇一四年七月八日投稿

【背景となる事件】バーウェル対ホビーロビー訴訟

ホビーロビー社は、オクラホマ・シティに本社を置く、保守的なプロテスタント(福音派)が経営する手芸用品のチェーンである。オバマ政権下の医療保険制度改革法(オバマケア)により、企業には従業員の特定の避妊薬や避妊器具を医療保険の対象とすることが義務づけられた。これに対して、避妊を宗教的・道徳的に受け入れがたいとするホビーロビー社は、その費用をカバーすることを義務づけるのは、経営者の宗教の自由に対する侵害であるとして、異議を申し立てた。二〇一四年六月三〇日に最高裁判決が下り、五対四でホビーロビー社側が勝訴した。ホワイトハウスや女性団体などがこの判決を女性の厚生を脅かすものだと批判した。福音派の大学であるイリノイ州のウィートン・カレッジも同様の訴訟を起こした。

先週、宗教の自由に関する二つの裁判（バーウェル対ホビーロビー訴訟、ウィートン・カレッジ対バーウェル訴訟）において、米国最高裁判所は保守的なキリスト教徒に有利な判決を下した。アメリカのリベラル派は、これらの判決を自己反省の機会とするべきである。

アメリカのリベラル派にとっての課題は、万人の宗教の自由を支持しつつ、ホビーロビーとウィートン・カレッジが主張するような宗教の自由を否定することがいかにして可能かを説明することだ。ホビーロビーとウィートン・カレッジの行いはキリスト教的ではないから宗教とは言えない、という批判がある。真のクリスチャンであれば宗教とビジネスを混同することはないし、他人に不利益を与えることはないというわけだ。だがこのような議論が露呈しているのは、宗教の自由に関する法が機能不全を起こしているということである。

たとえある宗教が非文明的で、リベラルでないとしても、そのような理由でその宗教を区別し、その宗教の自由を制限することは、法律上は不可能である。それが一夫多妻を肯定するモルモン教徒であれ、幻覚作用のあるペヨーテを儀式に用いるアメリカ先住民であれ、性差別的な神学や政策を支持する保守的キリスト教徒であれ。ホビーロビー訴訟におけるケネディ裁判官の言葉を引用する。

私たちの憲法上の伝統における自由という概念は、すべての人が創造主と創造主から与えられた法を信じ、実践する権利を持っていることを意味する。そのような人たちにとって、己の尊厳を守り、宗教上の戒めによる自己形成に努めるために、自由な宗教活動は不可欠である。この意味での自由な活動とは、内面的信仰の自由を指すだけでない。それは、そうした信仰を外部に対して表現し、コミュニティにおける政治的、市民的、経済的な生活の中で自分の宗教的(または非宗教的)な自己定義を確立する権利をも意味する。

立派な言葉である。だが、アメリカの歴史を振り返れば、この考えは通常多数派を利するものであり、宗教的少数派に対する差別を導くものだった。宗教の自由の保護そのものに反対する裁判官はいない。問題は、何を(保護すべき)宗教活動とみなすかである。宗教活動とそうでないものを公平な観点から仕分けることは原理的にできないのだということを、アメリカの法廷は認めてこなかった。代わりに宗教とはこういうものだという数々の一方的な物語を作り出してきたのだが、そのような物語では、宗教の自由を保護する法律を支える論理は実は存在しないということをごまかすことはもはやできなくなっているのである。

二つの裁判で裁判官たちが使った、宗教とはこういうものだという物語には次のようなものがあった。ギンスバーグ裁判官は、ホビーロビー訴訟において、宗教活動とは個人による「祈り」「礼拝」「秘蹟を受ける」といった活動のことである（企業が避妊への補償を拒否するといったことは宗教活動には該当しない）と異議を唱えた。政府も当初そのように宗教をとらえ、「宗教的事業主」には避妊への補償を自動的に（特別な申請なしに）免除する、と決めたときに想定していたのは、教会や、教会に付属する施設であり、ホビーロビー社のような一般の民間企業だが経営者が熱心な信者であるというケースは考慮していなかった。

しかし宗教研究の観点から公平に言えば、このような宗教観は驚くほど古くさいものである。アメリカの宗教の大部分は、教会とは関係ないものとなっているからである。現在のアメリカ人は、教会以外の場所において宗教的コミュニティと宗教活動の場を見出している。とりわけアメリカにおいては、宗教とビジネスは密接に絡み合ってきた。ソトメイヤー裁判官は、ウィートン・カレッジに対しては「その宗教信仰を深く尊敬します」と述べているが、なぜ宗教団体が設立した大学や病院が避妊の補償を拒否することは宗教活動であり、ゆえに保護され、ホビーロビー社はそれとは別だと言えるのか。教会が関わっていなければ宗教活動ではないというような解釈は、論理的には憲法から導かれない。

あえて自己反省を促すために言えば、リベラル派が宗教の自由の保護の対象になるのは、個人的で進歩的な、自分たちが好感を持てる宗教だけだと信じ込んだままであるというのは驚くべきことだ。一九九三年の宗教的自由回復法(8)（Religious Freedom Restoration Act: RFRA）の制定以来、宗教の自由の保護が強化され、裁判で宗教的理由付けが広く重視されるようになり、その結果、保護されるべき宗教活動とそうではない宗教活動を分けるという、憲法に照らせば本来は不可能なことを法廷で行うことが余儀なくされている。その状況において、リベラル派の宗教観が法に内在していた問題を拡大している。

我々の生活は、法人のような法的擬制=虚構なしには成り立たない。宗教の自由の保護の核心をなす法的擬制=虚構は、宗教というものが存在し、それは定義されることなく規制管理されうるという物語である。他方、宗教も擬制=虚構の上に成り立ってきた。教会は想像された人工物であり、神や悪魔もまた同様である。教会はカントーロヴィチが『王の二つの身体』で示したような典型的な法的擬制である。

しかし、現代では教会と国家の擬制は分裂している。宗教的なものを宗教ではないものから区別する中立的な視点は存在しない。宗教とはこういうものだ、という一方的な語り方はやめるべきである。今必要なのは、政治的、法的、かつ宗教的な擬制=虚構を新たに共同で創造していくことなのである。

三　最高裁判所が信じている宗教(要約)[9]

サラ・イムホフ[10]

二〇一四年一二月一六日投稿

今年の夏、最高裁判所は再びアメリカの「文化戦争[11]」の舞台となった。メディアと多くのアメリカ人は、バーウェル対ホビーロビー訴訟の判決を女性の権利と宗教の自由が対立したケースだととった。

激しく争われた訴訟はホビーロビー側の勝利に終わったが、あらゆる事柄が二極化していたわけではない。ホビーロビー訴訟は、リベラル派と保守派の双方の裁判官たちが共有している宗教観を浮き彫りにした。彼らはみな、次の二点において同意している。すなわち、宗教は特定可能な本質を持つという点。もう一つは、その本質とは信仰(belief)であるという点である。「真摯な宗教的信仰」を持つものだけが、宗教とみなされるのである。

ケネディ裁判官の見解(前出)によれば、自由はまず、信じる自由から始まる。さらに言えば、それは「創造主と創造主から与えられた法」を信じる自由を意味する。ケネディ裁判官にとって自由な活動とは、信者がその信仰に基づいて一貫した尊厳のある生活を送るために極めて重要なものである。自由な宗教活動とは、「信仰の自由」と「自分の信仰を表現する権利」を意味する。ケネディ裁判官にとって、宗教の「信じる」側面が第一義的かつ根本的なものであり、活動は付随的なものである。信仰が宗教的な活動の前提条件なのである。アリート裁判官、ギンスバーグ裁判官の発言からも、同様の宗教観を見てとることができる。

アメリカでは、裁判の長い歴史の中で、宗教は基本的に信仰の問題となった。宗教の本質は心や頭の中に起きていることだとされる。宗教の身体的な表現は宗教的信念から発する二次的なものにすぎない。もちろん、このような宗教観は裁判所が作り出したものではない。それは神との関係を持つ第一の場として頭と心を最重要視するプロテスタントの考え方に由来するものである。ロジャー・ウィリアムズ[12]の「良心の自由」論からマーサ・ヌスバウム[13]の書『良心の自由』にいたるまで、信仰を基礎とした宗教観は、宗教と法についてのアメリカ流の考え方に浸透している。

このような宗教観を選ぶというのは単なる哲学的問題ではない。この宗教観の下では、ある種の宗教が他のものよりも目立つようになる。この宗教観では、実践を一次的、信念を二次的なものとする宗教を法廷はうまく取り扱うことができない。例えば、人類学者のサバ・マフムードやタラル・アサドは、イスラーム教徒やキリスト教徒が身体的な宗教儀式を行うのは、確固たる信仰を内面に既に持っているからではなく、むしろ信仰を育むためであることを示した。このような宗教的生活や表現は、アメリカの法廷では、宗教ではない、あるいは宗教として未熟なものとされてしまう。

宗教的実践が「真摯な宗教的信念」によって動機づけされていない例はいくらでも挙げることができる。例えば、誰かがカトリックのミサで聖体拝領を受ける際、パンがキリストの体に本当に変わる(聖変化する)とは信じていないが、儀式自体を重要なものとみなしている、あるいは家族の伝統を守るという動機による場合はどうなるのだろう。アメリカの超正統派のユダヤ教徒にも、ユダヤ教の伝統的信条はすでに信じていないが、超正統派のコミュニティの一員として戒律を守りながら暮らしているという例が存在する。

ホビーロビー訴訟では、宗教の本質は頭と心にあるという裁判所の前提は、特におかしなものとして顕在化した。というのも、その訴訟は(女性の)身体の規制をめぐるものだったからだ。

宗教の本質は信仰にあるとする宗教観は、個人という単位を基礎としている。真摯な信仰は、根本的に個人的かつ相対的なものであり、それは「他人にとって、受け入れられ、論理的であり、一貫しており、理解可能である必要はない」と裁判所は断言している。この見かたによれば宗教的人間とは、第一に個人であって、共同体の一員ではない。さらに言えば、この見かたは、個人の内面的状態、つまり心と精神を人格の中心としているのである。

個人の信仰を護れば、人間の最も奥深く本質的な部分を護ることになると裁判所は考えている。しかし皮肉なことに、個人の心は他人には理解できないものである。裁判所は、宗教活動の自由が護られるには、その活動が基づく信仰が真摯なものでなくてはならないとする。だが、心の中をのぞき込むことはできないのだから、信念が真摯であるかどうかを裁判所はどうやって決定するというのだろうか。

「真摯な宗教的信仰」は多くの人にとって宗教の重要な部分であるとしても、それは宗教と同一ではないし、それが常に宗教の基礎であるわけでもない。裁判所と多くのアメリカ人は、ホビーロビー訴訟の判決が宗教の自由を拡張したと思っている。しかしそれは、裁判所の狭隘な宗教観を表すものでもあるのである。

四 『宗教の自由を超えて』序論（要約）(14)

エリザベス・S・ハード(15)

二〇一六年三月一七日投稿

【背景となる事件】「宗教的奉仕活動およびコミュニティ活性化プラン支援室」の設置

二〇〇一年一月にブッシュ大統領が「思いやりの保守主義」として、ホワイトハウス内に「宗教的奉仕活動およびコミュニティ活性化プラン支援室」(Office of Faith-Based and Community Initiatives)を設置した。社会事業を民間の宗教団体に移管するためのもので、応じる宗教関連団体(faith-based organizations)に資金を提供しだしたが、中心が大統領の票田である福音派だったため、政教分離の観点から問題化した。以降、「faith-based」の語はしばしば文化戦争の火種となるが、この支援室はオバマ政権にも引き継がれた。

「国際的な宗教の自由」法の制定

一九九八年、クリントン大統領政権下で「国際宗教自由法」(International Religious Freedom Act)が制定された。この法律は宗教の自由をアメリカの外交政策に含めることを定め、宗教を迫害する国には制裁を加えることを認めた。これにより米国国際宗教自由委員会が設置された。

拙著『宗教の自由を超えて』は、グローバル政治、宗教、権利に関する現在の政治的論争にわり込み、過去二〇年間の間に影響力を増した、国際的な宗教改良(reform)プロジェクト[16]や言説を検証する。宗教の自由を法律で保障すること、寛容な宗教的指導者や代表者を支援すること、国内・国際法の力で宗教的少数派の権利を保護することは、「宗教」の自由と定義される既存の権利や「宗教的」共同体・個人を、法律を通して保護することだとみなされている。しかし、そのような見解は妥当ではない。というのも、人間の行為が「世俗的」または「宗教的」と分類されるプロセスは、それ自体が高度に政治的で権力関係に編み込まれたものであり、歴史において変化するものだからだ。本書は、この問題を推し進め、そういった法的取り決めによってどのような宗教、ないし宗教的主体が作られ、保護され、あるいは排除されるのかを探究する。

宗教の自由を国際的に推進し、保護しようとする動きの中で、誰の宗教がとりあげられ、守られているのか？　そこにはどのような政治的目的があるのか？　近年、国際レベルで宗教団体と連携する政策(faith-based policy)が広がっているが、そこで「宗教」「宗教的であること」を代表して語る権限を持っているのは誰なのか？

本書はこれらの問題を、宗教が国際的な公共圏に「戻ってきた」と言われる現代世界の状況に照らして検討している。「良い宗教」は国際関係の中に居場所を与えられ、「悪い宗教」は公共善に従って矯正あるいは撲滅される、「宗教の二面性」というこの新しい体制を診断するのである。このように公共圏での宗教の役割を評価する言説が、社会でも学界でも、かつて宗教の個人化や消滅を論じた世俗化論に入れ替わって広がっている。本書はこの転換が政治と宗教にどのような影響を及ぼしたのかを探究する。その際、世俗的権力が宗教を操作する面だけでなく、そうして設置された宗教の自由を守る法や宗教団体と連携する政策が、広範な政治的、社会的、宗教的世界にどのように関わっているかを明らかにしていく。本書は、新しいグローバルな宗教政策を、宗教指導者たちが定義し、代表する「宗教」から外れる人々の目から評価するためのきっかけとなるだろう。

宗教の自由に関連する国際的な政策に関して驚くべきなのは、宗教の自由を推進することの帰結、その実現の方法、そしてそれが社会的に純粋に良いものであることについて、当局や専門家の間に合意があるように見えることだ。これに対して私は別の視点を提供したい。宗教を政治的かつ法的に意味をなすカテゴリーとして特別扱いすることには、社会的影響が伴う。宗教の自由が世界に広がる過程は、普遍的な規範が徐々に国際化される過程ではなく、統治する者が社会的多様性を説明づけて管理するために引き起こす、複雑で歴史的に変化する状態なのである。宗教的権利という観念を管理のために利用することは、当局が社会的差異を示すものとして「宗教」と定義したものを際立たせる。裁判所を含む当局は、何が「宗教」に値するかを判断し、宗教の正統的、合法的、容認可能な形態をそうでないものと区別することを求められる。その際、曖昧な領域は排除され、「宗教的」主体として市民は分類され統治されることになる。しかし、これは「非宗教的なもの」を排除するだけでなく、グループ間の流動的な差異を固定化し、共同体内の紛争を促し、時にはローカルな問題に国際的な次元を介入させることにもつながる。つまり、もとは宗教対立を解消するためにとられた、宗教の自由を推進する試みが、逆効果となってしまうのである。そのような例は、現在のスリランカ、中央アジア、マレーシア、南スーダンでみることができる。

政府が支援する宗教団体による社会貢献活動にも別の見方が可能である。アメリカやEU諸国で政治的アクターないし「宗教コミュニティ」とみなされる集団は、明確に規定された正当な教義と平和的なスポークスマン(実際、ほとんどの場合は男性である)によって代表されている。だが、「宗教」というカテゴリーに入るものは実際のところ、常に変化する多様な信念、制度、そして実践と経験の混合物なのである。単一のものとして同定可能な宗教は存在しない。宗教の社会貢献活動への国家による支援は、宗教の自由の法制定と同様、本来複雑である領域を管理可能なものへと強制的に変質させる。公式に認められた宗教とそうでないものとの分断がつくられ、後者は排除されてしまう。

宗教に関する新たなグローバル政治は、宗教の権利と自由という名のもとに、平等、包摂、正義のための主張を引き出し、それを認定するという方向に進んでいる。それを受け入れる以外に、自分たちを守る手段はないという人たちもいるだろうし、それは私も理解できる。だが、この「宗教化した」グローバル社会で、当局の認定を受けられない、あるいはそれを拒む者の声は聞こえなくなっている。これは一般の信者だけでなく、専門家や研究者も巻き込むものである。つまり、社会貢献活動に関わる宗教者も研究者も、グローバルな「宗教─産業複合体」の国際的な下部構造に吸い込まれつつあるのである。とすれば、目下の課題は、その引力に抵抗する人たちのための居場所を見つけることであろう。

（翻訳・要約：上村岳生／監訳・補足説明：藤原聖子）

訳注

（1）"religious freedom" は一般には「信教の自由」と訳されているが、本稿では、宗教を「信（仰）」と同定することがまさに問題であると論じられているため、あえて「宗教の自由」と訳出した。ただし、日本の状況に言及する場合は、憲法用語として一般的な「信教の自由」とした。

（2）"United States Commission on International Religious Freedom 2017 Annual Report," p. 56, 59.

（3）ある国を植民地化する際に、支配者側がその国に大量に移住し、先住民を少数民族化し、排除していく植民地主義の形態。インドに対するイギリスの搾取型の植民地支配と区別してこう呼ばれる。

（4）いずれも米国社会科学研究会議（Social Science Research Council: SSRC）のウェブサイト上の学際的フォーラム「内在的枠組み」（Immanent Frame）に投稿されたもの。このフォーラムは、政治哲学者チャールズ・テイラーの『世俗の時代（*A Secular Age*）』に触発された論争をきっかけに二〇〇七年に立ち上げられたもので、ＳＳＲＣの「宗教と公共圏」プロジェクトと連携している（「内在的枠組み」は『世俗の時代』のキーワードで、超越的存在を信じることが自明ではなくなった現代社会の状況を表す)。アメリカ国内外の著名な研究者たちが、世俗主義(政教分離)、宗教、公共圏に関する小論を随時寄稿している。

(5) 宗教の本質は(個人的・内面的な)「信仰」にあるとする宗教観は、近代特有のものであり、そのルーツはプロテスタンティズムの規範的な宗教理解にある(ゆえに偏った宗教観である)という見解は、W・キャントウェル・スミスやタラル・アサドによる批判的な研究以降、定説化している。

(6) Winnifred Fallers Sullivan, "The Impossibility of Religious Freedom." https://tif.ssrc.org/2014/07/08/impossibility-of-religious-freedom/(二〇一七年一〇月一日閲覧)

(7) インディアナ大学ブルーミントン校教授。宗教学・法学。

(8) 一九九〇年のスミス訴訟(Employment Division v. Smith)の最高裁判決(アメリカ先住民の従業員が、宗教儀礼としてペヨーテを摂取したことにより雇用者から解雇され、しかし州の失業手当をもらえなかったことを不当と訴えたが敗訴)に対し、これを宗教の自由に対する侵害であるとする世論が高まり、一九九三年に「政府は個人の宗教的行為に対して実質的な負担をかけてはならない」とする連邦・宗教的自由回復法が制定され、同様の法律が州レベルでも導入されていった。

(9) Sarah Imhoff, "The Supreme Court's Faith in Belief." https://tif.ssrc.org/2014/12/16/the-supreme-courts-faith-in-belief/(二〇一七年一〇月一日閲覧)。原題を理解できるように訳せば、「宗教の本質は信仰にありとする、最高裁の信仰(思い込み)」と長くなるため、意訳した。

(10) インディアナ大学助教授。ユダヤ教・ジェンダー研究。

(11) 中絶、同性愛、銃規制などをめぐる、保守派とリベラル派の価値観上の対立。一九九〇年代以降深刻化する。

(12) 一七世紀のアメリカの政治家、神学者。ロードアイランド州成立にあたって、良心の自由、政教分離を主張したとされる。

(13) アメリカの哲学者、シカゴ大学教授。『良心の自由』(*Liberty of Conscience: In Defense of America's*

Tradition of Religious Equality, Basic Books）は二〇〇八年刊。

（14） Elizabeth Shakman Hurd, “*Beyond Religious Freedom*: An Introduction.” https://tif.ssrc.org/2016/03/17/beyond-religious-freedom-an-introduction/（二〇一七年一〇月一日閲覧）。書籍として出版した自著の序論を特別に投稿したもの。

（15） ノースウエスタン大学教授。国際政治。

（16） 後述のように、「悪い宗教」を公共善に従って矯正あるいは撲滅する試みを指す。例として、二〇〇五年にアメリカが設立した「トランス・サハラ対テロパートナーシップ」（ＴＳＣＴＰ）。

参照文献

Curtis, Finbarr 2016, *The Production of American Religious Freedom*, New York University Press.

Hurd, Elizabeth Shakman 2015, *Beyond Religious Freedom: The New Global Politics of Religion*, Princeton University Press.

Su, Anna 2016, *Exporting Freedom: Religious Liberty and American Power*, Harvard University Press.

Thomas, Jolyon Baraka 2019, *Faking Liberties: Religious Freedom in American-Occupied Japan*, University of Chicago Press (forthcoming).

Wenger, Tisa 2017, *Religious Freedom: The Contested History of an American Ideal*, University of North Carolina Press.

三　宗教の公共化

【争点3】 宗教は「役に立つ」のか？

池澤 優

第三部は世俗的領域もしくは公共空間における宗教の活動を扱うが、それは二つの領域にかかわる。一つは学術研究における宗教性、もう一つは宗教の社会貢献の領域である。それらは共に宗教が実際に社会にとって役に立っているという状況にかかわる。

学問の中に潜在する宗教――死生学を中心に

第10章は環境倫理、生命倫理と呼ばれる学問分野――通常は宗教とは全く縁がないと思われている分野――が実は伝統的な宗教的感覚に根ざしており、それが国際協約文書にも反映されていることを論じた。ここで環境倫理と生命倫理の二つを扱ったのには理由がある。両方とも確立したのはほぼ同じ時期（環境倫理は一九六〇年代頃、生命倫理は一九七〇年代頃）であったにもかかわらず、そこで中心になった論理は正反対であり――環境倫理は人間以外の生物・無生物にそれ自体としての価値があるとする非人間中心主義、生命倫理は人間の自律的意思決定に最大の価値を賦与する人間中心主義――かつ、その両方共がキリスト教的な道徳感情に根ざしていたからである。伝統的な宗教は現代的な問題を考えていく上での選択肢を提供する可能性を持つが、宗教の教義の中に直接的に答えがあるわけではないので、何らか解釈をほどこして論理構築を行う必要がある。その論理が、生命倫理の場合は人格の尊厳、環境倫理の場合は存在それ自体の価値だった。

　但し、そのように構築された論理はもともと存在した宗教的感情を十全に表現できるわけではない。生命倫理の場合、神への信仰を選択する能力が人間にあることが「人格の尊厳」原則の一つの根拠だったわけだが、個人が自己決定で恣《ほしいまま》に何でもできる(例えば技術を用いて自分の身体を改造するなど)というのは、宗教的感覚に反する。故に構築された論理には不満足感が残り、別の解釈が模索されることになる。一九九〇年代以降、環境倫理では非人間中心主義の超克が目指され、生命倫理では人間中心主義に対する批判が噴出するが、それは以上のような動態性にも一つの原因があったのだと思われる。

　一般に宗教とは縁遠いと考えられている学問が宗教的感覚に根ざしているという事例は他にもある。ここでは一つの例として死生学(死学、サナトロジー、生死学とも言う)に簡単に触れておきたい。欧米では一九六〇年代くらいから「死の認知運動」(death awareness movement)という動きが出てくる。これはフランスの歴史学者フィリップ・アリエスが「倒立した死」と呼んだ(アリエス 一九九〇)、死をタブー視し、公的には表象しないという現代的な状況に対する反対運動であり、現代人は死を恐れ、目をそむけて生きていることを批判し、死を直視し乗り越え、最期まで前向きに生きることを目指すものであった。「死の認知運動」には多様な要素が存在したが、一九六〇―七〇年代に現れる死の恐怖／不安を主テーマとする心理学的研究も重要な要素であり、それが死生学であった。

　死生学の研究も多様なのだが、そこでのテーマは死の恐怖を乗り越えることなので、必然的に宗教信仰を持つことで人は死を受容しやすくなるのかが関心の一つとなった。例えば、死生学の重要な理論の一つである意味管理理論は、一般にオーストリアの精神科医、ヴィクトール・フランクル(一九〇五―一九九七)に始まるとされる。フランクルは、人間は自らの選択で人生を決定するが、そのためには生きる意義、目的が定まっていなければならず、生きる目的が定まるためには、この宇宙の意味に関する究極的な価値観が定まっていなければならないとした。通常、生きる目的は職業の如き創造的な活動に求められるが、極限的な状況(フランクルは自らが収容されていたアウシュビッツのことを念頭に置いている)では何も創造できなくなる。そのような状況でも生に対していかなる態度をとるか次第で、最期まで前向きに生きることは可能である。人間は死を始めとする様々な制約の下にあるが、生きる意味を定めることでそれを超克することはできるとしたのである(フランクル 一九五七)。

ここでフランクルが言う宇宙の意味に関する究極的な価値観が実質的に宗教のことを指しているのは明らかであろう(彼自身、ユダヤ教の信徒である)。彼はカウンセリングの中で医師が患者に特定の信仰を押しつけることは否定するが、信仰を持つことは生きる目的を定める上で有益であると考えていた。宗教に対してほぼ同様のスタンスをとる例として、他に台湾の傅偉勲のそれを挙げることができる。アメリカの大学で死の準備教育を担当していた傅偉勲は、台湾に死生学を持ち込んだ人物である。彼は自らの死生学の目標は、死を安んじて受容し、最期まで生の尊厳を保つことであるとして、そのためには生きることに対する積極的な態度を持つ必要があり、生に対する積極的な態度を持つためには生きることに関する究極的関心が定まっている必要があるとした。宗教の信仰は個人の究極的関心を定める上で有効であり、よって信仰を持つことは死生学の立場から推奨できるとする。但し、彼の死生学の中では全ての宗教信仰が等しく評価されるのではなく、現代社会の状況を踏まえて、「真実真正な宗教」と「真実真正ならざる宗教」を弁別し、後者(主に死後の霊魂や輪廻の考え方など)は否定されないものの、望ましいものではないとする（傅 二〇〇六）。かくして台湾の死生学の教科書では学習者が主体的に信仰を選択できるように、宗教の情報が提供されている（林編 二〇〇〇）。

もとより死生学の中でも、宗教の位置づけは以上のようなものだけではない。例えば、一般に恐怖管理理論という学説の祖とされるアメリカの心理学者アーネスト・ベッカー（一九二四—一九七四）は、人間は自らをユニークで他から隔絶した存在とすることで死（肉体性）を越える意義を獲得したいという欲求と、他者とつながりたいという欲求の間で引き裂かれている存在であると考えた。生に死を越える意義を与える前者の指向性を支えるのが価値観、倫理、宗教などの文化装置であるが、生を意義づけても死なくなるわけではないので、それは一種の虚構ということになる。自らを隔絶した存在とすることで生を意義づけることは孤独になることであり、孤独への恐れ、他者に屈服したいという感情が起き、それが「転移」という心理メカニズムになるとベッカーは考える。転移は子の親に対する感情を他の特定の他者に投影する現象であり、それは転移対象を絶対的で永遠の存在とし、自分をそれとつなげることで、自らも永遠性を獲得しようとするものだが、転移対象も不死ではないので、これも一種の虚構である。これら二つの虚構は〝嘘〟ではあるのだが、人間が生きていくためには必要な〝嘘〟である。宇宙の奇跡的なあり方の中で人間は自らの卑小さには耐えられない。とするなら、最高の存在を転移対象とすることで、自らを隔絶した存在にしたいという欲求と屈服したいという欲求を同時にかなえるしかなく、それを実現していたのが伝統宗教の神であったとベッカーは考える。しかし、宗教の神は現代人の多くには既にリアリティがない。現代人の不幸は宗教が人間の作り出した仮構であることを悟ってしまったことにある。最終的にベッカーが提案するのは、現代に見合った新しい「宗教」を作ることであり、それは宇宙の創造的な力と自分がつながっていると信じ、自らも創造性を発揮して生きることを意味していた（ベッカー 一九八九）。

以上の要約が示すように、ベッカーの言う新しい「宗教」とはいわゆる宗教のことではなく、自らの努力でこの世を良くすることができると信じ、選択し行動して生きる生き方のことである。彼の死生学は人間の生き方に向けられていたのである。それと同じような方向性は、島薗進の死生学にも見ることができる。本シリーズ第1巻に「巻頭言」を寄稿した島薗は、二〇〇二年に始まった東京大学文学部の死生学プロジェクトで初代リーダーを務めた。彼はシリーズ『死生学』の巻頭論文の中で、日本における「死生観」という語の歴史をトレースし、一九〇四年に加藤咄堂《とつどう》という著述家が上梓した『死生観』という書に遡ることを突き止めた。そこでは仏教的な「生死《しょうじ》」ではなく「死生」という語を用いることで、伝統宗教のそれとは異なる、近代的な精神性——何らかの理念や究極的価値に帰一することで「生死を超える」必要があり、そのためには心の修養が必要であるという意味の精神性——が求められていた。死生という語は、生と死を対立ではなく、表裏一体のものと捉え、死を考えることを通してより良く生きるすべを模索するという方向性を反映していたのであり、そのために宗教／世俗の枠組みを超えて、多様な生死のあり方を比較研究する伝統が、既に第二次世界大戦前に形成されていたとしたのである。島薗は、これを基に、日本の死生学は欧米のサナトロジーより広いものにならざるを得ないとし、①死生の文化の比較研究、②死生の哲学と倫理に関する理論的考察、③現在の臨床現場への実践的関与の三つの柱から成る、死生学の基本構想を提案した（島薗 二〇〇八）。これは現在起こっていることを過去に関する英知の蓄積に照らして検討することを通して、それを将来における生き方の問題につなげていくことを意味している。

まとめるなら、フランクルと傅偉勲は死生学の中心に宗教を位置づけたのに対し、ベッカーと島薗進は宗教をふまえつつ、それを生き方の問題に昇華させようとした点が違っていた。但し、その四者はいずれも現在の生と死を構想する上で宗教が有用不可欠であると考えていたのであり、宗教の言説は死生学という学問の中で存在し続けているのである。

宗教の社会貢献とそのジレンマ

言うまでもないことだが、宗教は世界に関する形而上的な考え方に終わるものではなく、その考え方に基づいて社会を理想と考える方向へ変えようとする運動でもある。従って、およそ宗教が存在する限り、公共空間から宗教が退場することはあり得ないし、現に宗教の社会活動は有用なものとして尊重され、その重要性は増している。利他主義とソーシャル・キャピタル(社会関係資本)という視点から宗教の社会貢献を論じる第11章は、その分野に関するすぐれた概説になっている。まず、宗教の社会貢献は(その団体の存在を誇示するといった外在的な理由ではなく)他者や社会との関係性に関する考え方(利他主義)に基づいてなされ、公的言説もそれを好意的に捉え、宗教団体の徳性や共感の拡散効果を強調する傾向がある。但し、信仰に基づくボランティアが専ら宗教的世界観の共有に基づく場合、外部者には閉鎖性を感じさせる「結束型」になる可能性があり、著者はその活動が共感を呼ぶことで利他的な世界観を拡散する「橋渡し型」の活動の方が重要であろうとする。そして、先述のように、宗教の社会貢献はその世界観に基づくもので、ボランティア自体が目的ではないのだから、それが非宗教団体による社会貢献とは異なる独自の社会貢献を展開できるかが課題であるとする。著者はその可能性を異質な他者(外国人など)が混在する社会における「共生」の促進に見ているようである。

第12章は台湾の世界最大の仏教NGOである慈済を扱う。【争点1】で言及したように、二〇世紀の中国仏教は社会活動を重視する「人間仏教」を標榜する点が特徴であった。台湾には、太虚の弟子の印順(一九〇五―二〇〇五)が渡り、大きな影響を与えた。慈済の創設者、證厳法師は独自にボランティアを始めたのだが、授戒の師は印順なので、やはり「人間仏教」の流れを承けると判断できよう。なお慈済については二点、誤解がある可能性があるので、編者が台湾高雄の静思堂を訪問した時の経験に基づき、解いておきたい。一つは證厳が尼僧であることから、慈済は女性中心の団体と思われることがあるが、男女は等しく参加しており、ただ性別で活動内容が区別されているだけである。もう一つ、僧侶が活動の中心とされることがあるが、静思堂には基本的に僧服を着た人物はいなかった(編者たちを案内した老人は僧侶の部屋がある階には上がったことはないと言っていた)。精神的な意味で僧侶の権威は高いが、活動は俗人信徒中心である。さて本章は慈済のインドネシアと日本における慈済の活動を比較し、慈済と被援助者の間に一定の緊張があることを示唆している。慈済の側のボランティアの方針は〝現地の人のために〟であり、主観的には世界観の押しつけはない。しかし、住宅建設や教育援助において慈済は明瞭に一定の理念を持っており、無意識的な押しつけになる危険性はある。これは第11章で言う「結束型」に陥る危険性であり、本章ではそれを「はからずして政治化する宗教」と表現している。

第13章はカトリック信仰をベースにフランスで創設され、障害者のケアなどを行っているラルシュという共同体を支える思想について論じたものである。ラルシュでボランティアを行ったある体験者は、最初「嫌悪感」を感じたが、その嫌悪感は人間存在の弱さに向けられたものであった。人間は誰でも滅ぶべき肉体によって生きているという意味で弱い存在であるが、先述したベッカーが指摘したように、自分はユニークで価値があると信じることによって、その弱さから目をそむけようとする。障害者はそのような弱さを目の前に突きつける。それがボランティア体験者の感じた嫌悪の正体であろう。ラルシュ創設者のヴァニエが主張したのは、自らの弱さを受け入れることで、弱さを共有するというつながりに目覚めることである。人間は誰でもままならない存在であるが、それでも〝そこにいることができる〟し、援助者は〝彼／彼女のためにそこにいることができる〟(寄り添う)。ケアを〝与える〟という視点で対象者を見下すのではなく、死に向かう弱さを共有するものとしてつながりを感じることで、生命を美しいと感じ、弱さの中に共にあることを喜びとすることができる。ヴァニエが「祝祭」という語で表現したのは、そのような生命への讃歌であろう。ラルシュという共同体が志向していたのは、功利性や機能性などの世間的な価値の対極にある弱さとつながりという価値であったと言える。

これら三つの論稿は、社会貢献という領域がこれからの宗教の活動としてますます重要になることを示すと共に、そこには本質的にいくつかの厄介なジレンマが存在していることを暗示している。まず、先述のように宗教が社会活動をするのはそれ自体が持つ世界観のためであるが、社会はそれが社会活動として有効であることによって評価する。宗教の社会貢献がうまく行けば行くほど、その効用が称揚されることになる。しかし、宗教の考えがそのような世俗的な功利性や効用に反するならば――多くの宗教はそのような世俗的価値を高く評価しないはずである――そこに価値の問題をめぐる相克が生じる。ラルシュが世間的な有用性に対して弱さを志向するのは、正にそのような事例である。仮に宗教団体が活動の社会的評価を気にするなら、社会貢献のための活動になってしまい、本来の理念が失われる本末転倒の事態になるであろう。

第二に、しかしながら、宗教が自分たちの世界観に忠実に社会活動をしようとするなら、それは部外者には閉鎖的と映り、一定の摩擦が生じる危険性がある。慈済の場合に問題になっているのは、そのような状況である。ある意味では慈済はNGOとして成功しすぎたという問題もある。その会員数は四〇〇万人を超え（台湾の人口は二三〇〇万人程度である）、その規模自体が一つの政治性を帯びるに至り、実際、慈済が自前の放送局と初等から高等に至るまでの教育機関を持つことは大きな力である。そのような力は、当人たちが何ら野心を持っていないとしても、警戒感を引き起こす。

第三に、第二部第9章で指摘したように、全ての宗教が社会貢献活動をするのに適当な教義と組織を持っているわけではない。慈済の静思堂の構造を見ればすぐ分かることだが、大規模なボランティア活動を成功させるためには、それを目的とする効率の良い組織を持つ必要があるのである。仮に宗教が社会にとって「役に立つ」ことにより評価されるなら、社会貢献に不向きな宗教は周縁化され、社会貢献型宗教のモデルに合わせて自己調節するように求める圧力として機能するであろう。

もとより、そのようなジレンマがあっても、宗教の社会貢献活動は減ることはないだろう。それは現代社会が様々な問題を抱え、その問題を何とかしたいと思う宗教者たちがいるからである。しかし、例えば臨床において宗教をスピリチュアルケアに活かすというような試みが、公共空間における宗教の活動を拡大する方向に働くのか、それとも医療というメカニズムの中に宗教を組み込む方向に働くのか、注意深く見守っていく必要がある。

参照文献

アリエス、フィリップ 一九九〇、成瀬駒男訳『死を前にした人間』みすず書房。
島薗進 二〇〇八、「死生学とは何か——日本での形成過程を顧みて」島薗進・竹内整一編『死生学とは何か』東京大学出版会。
清水哲郎 二〇一〇、「死生の理解をケア活動に生かす——臨床死生学のエッセンス」清水哲郎・島薗進編『ケア従事者のための死生学』ヌーヴェルヒロカワ。
傅偉勲 二〇〇六、『死亡的尊厳与生命的尊厳』北京大学出版社(原刊一九九三)。
フランクル、ヴィクトール 一九五七、霜山徳爾訳『死と愛——実存分析入門』みすず書房。
フランクル、ヴィクトール 二〇〇二、池田香代子訳『夜と霧 新版』みすず書房。
ベッカー、アーネスト 一九八九、今防人訳『死の拒絶』平凡社。
林綺雲編 二〇〇〇、『生死学』洪葉文化事業有限公司。

第10章　見えない宗教の力
――現代の生命倫理・環境倫理言説の宗教性

池澤　優

現代日本の我々が宗教というものをイメージする場合、世俗的な集団とは明確に異なる集団を作り活動するものというイメージが強いであろう。特に日本では一九九〇年代にオウム真理教を始めとする宗教が社会問題化したため、宗教＝普通でない集団というイメージが強化された傾向があった。しかし、今から振り返ると、そのような宗教集団は全体の宗教現象のごく一部分で、宗教が宗教であると名乗ることもなく、いつの間にか世俗的な政治や社会に影響を与えているのが現代における宗教の一つのあり方であり、しかもその状況はかなり早い段階から現れていたことが分かる。本稿は現代的な諸問題に対し多分野の学知を動員して解決しようとする応用倫理の分野、特に環境倫理と生命倫理を事例として、そのような見えない宗教が実は我々の社会の方向に影響を与えていることを示したい。

一　環境倫理

環境保護、動物愛護の思想と運動は古い時代から存在したが、それが環境倫理という明確な論理を獲得したのは、二〇世紀前半に生態学が確立した後のことである。初期の環境思想は二つの意味で宗教と関係していた。一つは、一九六八年にリン・ホワイトが現在の環境危機の淵源は人間中心的なキリスト教にあると言ったことに表れるように、利益のために自然を支配し汚染する近代の産業構造の背景には、精神と物質を区別し、前者のみに価値を認め、後者は前者に支配されるために存在しているとする考え方が存在し、その考え方は伝統的なキリスト教から生じたとする環境思想の言説である。後述するように、この言説にはしばしば、自然保護のためには人間は考え方を変える必要があり、そのためにはキリスト教とは別の宗教が必要であるという主張が付随していた。ホワイトも当時のカウンター・カルチャー運動におけるアジア宗教の流行を踏まえつつも、キリスト教の非主流の伝統（例えば、アッシジの聖フランチェスコ）に注目することを主張していた。

　環境思想と宗教のもう一つのかかわりは、明確な宗教という形をとらなくとも、環境思想にはしばしば宗教的要素が付随している点である。ジョン・パスモア（一九九八）はホワイトの議論はキリスト教を単純化しすぎていると批判し、確かにギリシャ哲学と結びついた西方キリスト教は、神は人間のために自然を創造したと考えたが、もともとのユダヤ教の伝統では曖昧であり（人間中心主義にも非人間中心主義にも解釈できる）、キリスト教の正統教義ではないとしても、自然を神聖視する神秘主義、人間を自然の管理者《スチュワード》とする思想、人間は自然を完成させる存在とする考え方が併存していたと論じた。自然保護を正当化する論理は、自然が人間の役に立つから保全するという人間中心主義と、自然はそれ自体として価値があるとする非人間中心主義があるが、後者の場合、神が創造した自然は神聖である、もしくは自然には霊魂が宿っているという論理を伴うことが少なくない。例えば、ロデリック・

ナッシュ（二〇一一）が指摘するように、環境思想の先駆者であった一九世紀アメリカのヘンリー・ソーローは自然の全てには大霊（Oversoul）が存在するが故に、人間は宇宙が一つの統合体であることを直観できるとし、国立公園の運動を展開したジョン・ミューアは無生物でさえ神により生命を与えられているとし（もっとも運動の中ではそれを強調しなかった）、『動物の権利』を著したヘンリー・ソールトは全ての動物の生命は神聖であると考えていた。ナッシュが環境倫理学の父とするアルド・レオポルドは、自然界の全ての存在は相互依存（食物連鎖）の関係にあり、従って一つの共同体に属するとする一方、それぞれの土地にはそれなくしては死んでしまうような本質があり、それをヌーメノン（noumenon）と呼んだ。これはロシアの哲学者、ウスペンスキーの影響なのだが、その語の語根は精霊という意味のヌーメン（numen）である。自然にはその本質としての美が備わっており、それを知覚できるような人間にならなければならないというのが、レオポルドの言おうとしたことだった。

もちろん全ての環境思想がそのような宗教的要素を強調するわけではないが、科学的な生態学者ですら、そのような要素に言及することは稀ではない。地球の大地と空気が生命体をも含めて一つの大きなシステムを作っているという「ガイア仮説」を提起したジム・ラブロック（一九八四）の中心的な論点はサイバネティックスであったが、人間がガイアの産物である以上、自然を美しいと感じる人間の意識はガイアの意識でもあるとする。一九七〇年に初めてbioethics《バイオエシックス》という言葉を使った分子生物学者のファン・ポッター（一九七四）は、宗教的な生気論（霊魂説）を退けつつ、環境汚染を始めとする科学技術の「危険な学知」をのり越えて人類が生存するためには、人間が如何なる存在であるべきかという基準が必要であり、それは宗教の中に求めることができるとする。

通常バイオエシックスは生命倫理と訳されるが、ポッターの言うバイオエシックスは生命倫理のことではなく、いわば〝知識を使うための英知〟とでも言うべきものである。人間は知識を発展させ、その結果生み出された科学と技術は人類の存続を危うくするまでに至ってしまった。その状況の中で科学を否定し、伝統的な宗教に回帰することは、宗教が解決策を提示できない以上、選択肢にはなり得ない。しかし同時に、人間がいかに生きるべきであるのかに関する理念を科学は提供しない。とするなら、科学(生物学)の知識に基づきつつ、それを宗教が示す人間の生き方の問題に結びつけることで、人間がいかなる存在であるべきかという理念に基づいて科学的知識を制御する英知こそが、ポッターの言うバイオエシックスだったと言うことができる。

そのため、環境保護の思想と運動は宗教の形態を採ることが珍しくない。ナッシュは、キリスト教の管理者《スチュワード》の思想、アジア宗教(禅や道教)、ネイティヴ・アメリカンの宗教の三つを淵源とする宗教的環境思想が一九六〇—七〇年代に盛んになり、キリスト教の環境思想について言えば、それは五〇年代のシカゴのルター派の神学者、ジョゼフ・シットラーに始まり、一九六三年に成立した「人間と自然との関係を考える信仰の会」で活動したイギリスのリチャード・ベア、ポール・サントマイア、ホワイトヘッド派の神学者であったフランスのジョン・コップといった系譜が存在したと論じた。これはホワイトのキリスト教批判を受け、その人間中心主義を内部から変えようとした変革運動の性格を有していた。また、キャロリン・マーチャント(一九九四)は、エコフェミニズムの一形態として、太古の女神崇拝や魔女信仰を復活させようとする運動を紹介している。その中では男性の神とその下にある男性の人間が女性と自然を搾取するのが西洋の考え方と体制だったのであり、その世界観を逆転させるメタファーとして自然の女神という象徴が用いられていた。

このように非人間中心主義に立つ環境思想は、自然の尊厳を確立するには、自然支配を正当化してきた考え方を根本的に変える必要があるとするために、単に諸々の宗教伝統に訴えたり、宗教的資源を活用するだけでなく、考え方自体が宗教的構造を帯びることが多くなる。例として二つ挙げておきたい。ノルウェーの哲学者、アルネ・ネスはディープ・エコロジー運動を提唱し、それはジョージ・セッションズやビル・ディヴォールを介してアメリカに紹介された。ネスは、動機が宗教的であろうと科学的であろうと、また活動が精神的であろうと政治的であろうと、彼の提唱する「プラットフォーム」（原則）に賛同するものは全てディープ・エコロジー運動に参加できるとするので、全体が宗教的というわけではないが[1]、ネス自身の思想（エコソフィー）は、自己中心的な「自我」から視野の広い「自己」になることが人間の成長であり、人間は成長すれば、自分と自然・地球との連続性、相互依存を感じ、両者を同一視するようにできている。自然と関係を持つことで、人間は生きる価値を実感し、自己実現を達成できるのであるから、そのような「自己」に目覚め、自然への畏敬の念を持つ生き方に変容しなければならない、人間は宇宙の価値を知覚できる比類なき存在であり、人間が自己実現することとは宇宙の自己実現に貢献することになるというものであった。換言するなら、環境汚染の原因は、人間が万物は全て繋がりの中にある本来的なあり方を忘れ、身勝手な生き方をしている点にあるのだから、それを悔い改め、本来の全体性に目覚めれば、環境問題は自ずと解決するということになる。そして、ディープ・エコロジー運動の中では、その悔い改めを引き起こす契機として、宗教的な神話や儀礼などの活用が主張される。近代の「機械論的パラダイム」（霊肉二元論）以前は、人間は自然とつながっていると感じる「ホリスティックなパラダイム」が存在しており、古代の宗教はそれを表現する媒体であった。従って、宗教の神話や儀礼を通してつながりの感覚を想起することが可能、というわけである(ドレングソン、井上共編 二〇〇一)。

二番目の例はトマス・ベリーとその弟子、メアリー・タッカー、ジョン・グリンである。ベリー(二〇一〇)はパッショニスト(一八世紀にイタリアで創設された修道会)の神父であると共に、ニューヨークのフォーダム大学の宗教史学教授であるが、彼の主張の根本は、自然に畏敬の念を抱き、神聖なものと感じる人間の感覚を言語化したものが「神」に他ならず、自然の消滅は「神の死」をもたらし、人間の生きる意味の喪失につながるとする点にある。彼は、内在性の限界(外的事物の存在を客観的に証明することはできない)にもかかわらず、現に人間が外在の事物を知覚認識していることは、物質とは別に「本質」(内的原理、魂、スピリット)が存在し、それをあらゆる事物が共有していることを示すという。もともと人間はそれを通して宇宙との一体性を知覚し、その荘厳さ(=神)を感じることができたが、キリスト教の人間中心主義は機械論的世界観を生み、それにより物質と精神は分断されて宇宙を感じることができなくなった。宗教とのつながりを恢復することで、精神の覚醒が可能になるのであり、宇宙を美しいと感じる人間の感性こそが、宇宙の意識に他ならない、宇宙は人間を通して自らに目覚めるのだとする。

タッカー、グリン夫妻はベリーの構想を実践に移す「宗教と生態フォーラム」を設立し、各種の会議やイェール大学における教育などを推進したが、そこでの主題も宗教的資源の活用にある。彼らは、キリスト教に人間中心主義の面があることを認めつつも、如何なる宗教も「暗黒面」を有し、歴史上の宗教が害悪を生み出してきたことは、宗教が環境危機を乗り越えるための道徳的源泉にならないことを意味しないと論じる。諸宗教の間の多様性は大きいとしても、それらの間には一定の共通点、収斂点――もちろん生態的生き方という収斂点――があり、従って諸宗教を研究することでそれを発掘し、宗教の違いを越えて信者を環境運動に統合していくというのが、彼らの戦略である。彼らは自然への態度は人間の世界観、生き方に依存し、そして宗教は世界観をもたらし変える、だから宗教は有用であるという枠組みに基づき、宗教間対話的な活動を展開したわけである(Tucker and Grim 1997)。

要するに、環境思想における宗教的要素は、宗教が人間の考え方を決定し、それが自然に対する態度を決める、だから自然とのつながりを感じる感覚を宗教的な観念として明確化し、それに基づいて生き方を変えていかなければならないという考え方、及びその運動の上では宗教的要素は有用であり活用できるとする方法論として要約できるだろう。

二　生命倫理

先述したように生命倫理《バイオエシックス》という語は一九七〇年にファン・ポッターにより作られたが、実際には医療と医学研究の分野における倫理問題を考察する学際的研究という意味で使われるようになった。もちろん、それ以前から医療にかかわる倫理問題を扱う分野――医療倫理――は存在し、そこにも一定の宗教的要素が存在したが、医療倫理が医療専門職《メディカル・プロフェッション》内部の職業倫理として、例えば敬虔な信者であることにより医療従事者の徳性を示すなどの面が重視されたのに対し、生命倫理は社会全体の道徳感情に訴えて医療専門職の職業倫理を越える権威と規範性を主張する点において、本質的に性格が異なる。そこでの社会全体の道徳感情は曖昧で、宗教的感情と未分であるため、その論理を構築する途上で、宗教感情が流入する余地があることになる。

その例になるのが「人格《パーソン》の尊厳」の概念である。誕生したばかりの生命倫理がアメリカで学問としての権威を獲得する決定的な分水嶺になったのが、最初の国家レベルの委員会「生物科学および行動科学研究における被験者保護のための国家委員会」(一九七四—七八年)であり、その最終報告書『ベルモント・レポート』は人格の尊重、善行、正義の三つを原則として確立した(通常、これに無危害を加えたものが四大原則と称される(ビーチャム、チルドレス 一九九七)[2])。但し、四原則は等しい重要性を持つのではなく、人格の尊厳が要の位置にあり、他はその下に置かれるのが、アメリカの生命倫理の最大の特徴であった。人格の尊厳は一般には非宗教的なものと理解されており、確かに西洋哲学の伝統(例えばカント)に一つの根源を持つのではあるが、実は生命倫理の「第一世代」には神学者や宗教的傾向を帯びた哲学者が多く、人格は宗教的なニュアンスを伴っていた。

例えば、ポール・ラムジーはメソディストの神学者でもあり、古典的な名著『人格としての患者』の中で「人間の尊厳は神の人間に対する扱い方から生じるのであって、一義的には人間自体のあり方から想定されるものではない。故にあらゆる人間はかけがえなく一度きりの神を崇める機会なのである」と述べる[3](Ramsey 1970, p. xiii)。また、哲学者のトリストラム・エンゲルハートは人格の尊厳が最も尊重されるべき倫理原則であるという趣旨のレポートを国家委員会に提出して『ベルモント・レポート』に大きな影響を与えたが、一九九一年にカトリックから東方教会(アンティオケア正教会)に改宗し、東方教会の医療倫理に関する論文で次のように言う。「最も重要なのは、正教は真理は人格的であると、即ち三位一体の神であり、道徳性は人格を浄化することで神の恩寵による啓示を可能にする処方であると認識することだ」(Engelhardt 2009, p. 211)。この表現に依れば、「人格」とは先ず神のことであり、人間はそのような神とかかわりを持つが故に「人格」なのである。国家委員会の段階でエンゲルハートが同様に考えていた証拠はないが(彼は人格の定義をしていない)、人間は神への信仰を選ぶ能力があるが故に尊厳があるという感覚が存在していた可能性は高いであろう。宗教的感覚に基づく「人格の尊厳」概念を神学者や哲学者は世俗の言葉で説明しようとした。言うまでもなく、信仰の言葉では一般に対する説得力がないからであろう。そのため、生命倫理の中で人材が育成されるに従い、宗教的含義は忘れられ、単なる意思決定、自律の尊重と同じものに矮小化されていった。

個人の意思決定を尊重するアメリカの生命倫理が世界に広がる中で、次第にその限界が顕わになり、別種の論理が模索された。それに最も早く着手したのは『ベルモント・レポート』と同年に『責任という原理』を出版したハンス・ヨナス(二〇〇〇)であろう。彼は存在するものの尊厳(比喩的に言うなら、神により創造されたものの尊厳)を、宗教的な信条に依らずに、ただ論理のみによって証明しようとした。その結果導き出されたのが、「存在の無条件的善性」(人間が存在している限り可能性があるが、非存在に可能性はないから、人間が存在することは無条件で良い)、「改造者のパラドックス」(人間は自分自身を改造する能力を持つが、当のその能力を改造することは許されない)、「責任」(人間は自然と身体を改造する能力を持つが故に、改造されるものに対して責任を負う)である。

その後、約一〇年が経過し、ドイツの国家レベルの倫理委員会でES細胞が問題になったとき、ヨナスの論理を洗練させる形で論理構築が行われた。委員会は、カント『人倫の形而上学の基礎づけ』の有名な格率「汝の人格や他のあらゆる人の人格の内にある人間性を、常に同時に目的と取り扱い、決して単に手段としてのみ取り扱わないよう行為せよ」の「人間性」を類としての人間の理想像、〝人間とは○○のようにあるべきだ〟というイメージであると理解し、そのような可能性を有していることが「人間の尊厳」の基盤であるとした。そして、「人間性」は人間の弱さ、傷つきやすさ、破滅性、可変性を含んでいる。人間は自然により限定された弱い存在であるからこそ、自己を完全にしようとすると同時に、他者の運命に共感し、支え合う(ケア)責任感が生まれる。技術により完全な存在となることは、この人間社会を根底で支えている構造を破滅させるから、その人間としてのあり方を改変することは容認できない。仮に、人間のあり方に関するイメージが特定の文化と時代に属する相対的なものであったとしても、そのような理念を有するものがいる限りにおいて、それは尊重されなければならないとしたのである(松田 二〇〇五)。換言するならば、それは人間には触れてはならない「神の領域」があるという宗教的感覚を言語化したものであり、その感覚に客観的な根拠がなくても、それが人間の生に関する理念なのだということであろう。

この感覚は宗教の教義ではなく、宗教の影響下に形成された曖昧な道徳的感情と言うべきであろう。逆に、明確に宗教の教義に則って世俗的な「人格の尊厳」原則に抗うという戦略もある。先に言及したエンゲルハートは『キリスト教生命倫理の基礎づけ』の中で東方キリスト教の価値観に基づく生命倫理を主張し(Engelhardt 2000)、彼の弟子の范瑞平は香港城市大学において「儒教的生命倫理」の活動を行っている(Fan ed. 1999)。両者に共通するのは、自らが信仰に生きることで他者を誘うこと(布教）、世俗的価値観に抗して自らの純粋さを守る態度である。但し、范瑞平は、西洋の個人主義に基づくインフォームド・コンセントは家族主義の儒教には文化的になじまないとして、全面的に否定し、家族告知を主張する（家族を信頼するのが儒教徒としての純粋な生き方なので、家族を信頼して騙されるのが患者として正しいことになる（Fan and Li 2004））、国民健康保険を全廃して全て家族の選択に委ねるなど、かなり極端な主張であり、広い支持を得る可能性は少ないと思われる。明確に宗教の教義に則った生命倫理という戦略は、伝統的な宗教をそのまま保存するというより、世俗的な原則に対抗する選択肢として意図的に再解釈するものになり、その再解釈は必ずしも原典の正確な読解ではない。儒教について言うなら、確かに「孝」は最も重要な徳目ではあったが、そこでの主題は親子関係であって、家族ではなく、儒教経典の中には国家的な健康保健体制の主張も存在した(4)。宗教的感覚を正確、かつ説得的な言語に変換できなければ、宗教に則った生命倫理の運動の成功は難しいであろう。

生命倫理と宗教の関係のあり方として最後に挙げることができるのは、特定の宗教ではなく、多くの宗教に共通し、かつ現代に適合的な要素のみを選択し生命倫理の原則に導入するというやり方である。この場合、そこに宗教の影響があるとしても、特定の宗教に属さないことにより、「世俗」領域に属すと主張されることになる。典型的な事例はユネスコの「生命倫理と人権に関する世界宣言」であり、二〇〇三年の総会で作成が決定され、国際生命倫理委員会が案文を作成、二〇〇五年に採択された。これは現在のところ、生命倫理に関する唯一の包括的国際協定であり、その中核は一五の原則にある。その起草に関与したヘンク・テン・ハヴは「世界宣言」に影響を与えた要素として先ずポッターに言及し、アメリカで構築された生命倫理が医療倫理の拡大でしかなく、地球的規模での未来への責任というポッターの意図を汲み取っていないことを批判する。ポッターも引用した、テイヤール・ド・シャルダン(イエズス会の神学者)の人類全体が共有する運命を認識し、地球的共同体へと「進化」するという構想に論及して、地球レベルの生命倫理が必要であるとするのである。その上でアメリカ的価値観を反映する生命倫理の「輸出」という考え方と、ローカルな価値観に即した生命倫理という考え方の双方を退け、ローカルな価値観を吸収することで普遍的に共有可能な枠組みを持つことは可能であると論じる。その際に参照されるのが、ドイツのカトリック神学者であるハンス・キュングが起草した、一九九三年の万国宗教会議の「グローバルな倫理に向けての宣言」になる。キュングは、諸宗教にはその違いを越えて共有する基本的原則が存在するのであり、それを諸宗教から抽出し、無条件の規範と位置づけて、それに基づいた意識の変容を志向する(Council for a Parliament of the World's Religions 1993)。同様の方法論で、諸文化や宗教から共有できる倫理的枠組みを抽出したものが一五の原則であるというわけである(Have and Gordijn eds. 2014)。

「生命倫理と人権に関する世界宣言」は方法論だけでなく、その原則も「グローバルな倫理に向けての宣言」と多く重複する。後者は、他者を人間的に扱うこと(目的として扱うこと)、生命の尊厳、連帯と相互依存、男女の平等と愛、正直さと誠実の五つを出発点として、そこから人間の尊厳・譲渡できない権利・自由、自己決定の尊重、平等、公共善に奉仕する義務、少数派に対する保護と援助、寛容と忍耐、個性と多様性の尊重、節制・節度(欲望の否定)、地球へのケア、未来の世代に対する責任を導く。この内、生命の尊厳、欲望の否定、正直さを除いた項目は「世界宣言」にも存在する。しかも、自己決定の尊重について、後者が「自己責任とグローバルな責任と分離しない限りにおいて」と言うのに対し、前者は「当人がその決定につき責任を取り、かつ他者の自律を尊重する限りにおいて」(第五条)、多様性の尊重について、後者が「全ての人に該当する拘束的な価値、信念、規範に置き換わるわけではない」と言うのに対し、前者は「そのような考慮は、人間の尊厳、人権および基本的自由、ならびに本宣言に定める原則を侵害し、その適用範囲を制限するためには援用されない」(第一二条)と述べるなど、論理構成上も類似している。

「生命倫理と人権に関する世界宣言」は、一介の神学者の思想がいつの間にか国際協約文書に影響を与えていたという事例である。が、だからといって、「世界宣言」は宗教文書ではない。「世界宣言」は、ユネスコの先行する国際文書を踏まえる必要があるので、宗教的な文言を直接に反映するわけにはいかなかった。ただ考えてみると、諸宗教の共通性の中に現在の世俗社会にも適用可能な規範を求めるというキュングのやり方自体、人間の尊厳、人権、自由、平等など、近代が前提にしている価値観と適合する部分を集めてくることにならざるを得ず、その性格上、世俗的な価値観と親和的であると言えるかもしれない。その点では、宗教的か世俗的かという区分自体がほとんど意味を持たないと言えよう。

三　まとめ——見えない宗教の力

今まで宗教という現象を考える時、宗教の領域を世俗と分けるという枠組みが用いられるのが普通であった。しかし、本稿で扱ったような対象を考える時、宗教と世俗の境界はとうの昔に溶解していたのではないかという思いを禁じ得ない。第一に、制度としての宗教が世俗と区分されても、我々の価値観や感覚は宗教的な面を保ち続ける。その感覚を世俗的な語彙で言語化することに成功すれば、それは宗教の領域を離れて、世界を動かす力を持つ。逆に、現代においても宗教は一定の影響力を持ち、その儀礼や思想は人々に訴えかける力を持つ。だから、信仰以外の目的のために宗教を活用するという戦略が生まれる。

それに対しては、エンゲルハートのように、そのような曖昧な宗教性は純粋ではないとして、あくまでも純粋な信仰と共同体を守ろうとする運動もあり、それはそれで一定の影響力を持つだろう。しかし、先述したように、そのやり方は信じる者と信じない者の間に壁を作り、一定限度以上の影響力を持つことは難しくなる。宗教であると名のることが運動として有効でないのであれば、宗教に基づきつつも、宗教を標榜しない思想や運動の方が有効ということになり、そのような見えない宗教はこれからも重要性を増していこう。

注

(1) この構造を「エプロン・ダイアグラム」と呼ぶが、それは図示するとエプロンのように見えるからである。

(2) 人格とは自己の意識を持つ理性的思考者であることであり、それを尊重することとは具体的にはインフォームド・コンセントの取得になる。

(3) 以上、ジョンセン(二〇〇九)参照。なお、ジョンセンは生命倫理の人格原則の淵源としてもう一つ、アメリカの民主主義の伝統を挙げる。

（4）儒教の経典である『周礼』には医師、疾医、瘍医などの医務官を置き、民衆の治療に当たらせるという一種の国立医療センターの構想がうたわれ、部分的にはそれは実行された。

参照文献

ジョンセン、アルバート 二〇〇九、細見博志訳『生命倫理学の誕生』勁草書房。

ドレングソン、アラン、井上有一共編 二〇〇一、井上有一訳『ディープ・エコロジー――生き方から考える環境の思想』昭和堂。

ナッシュ、ロデリック 二〇一一、松野弘訳『自然の権利――環境倫理の文明史』ミネルヴァ書房。

パスモア、ジョン 一九九八、間瀬啓允訳『自然に対する人間の責任』岩波書店。

ビーチャム、トム、ジェイムズ・チルドレス 一九九七、永安幸正・立木教夫監訳『生命医学倫理』成文堂。

ベリー、トマス 二〇一〇、浅田仁子訳『パクス・ガイアへの道――地球と人間の新たな物語』日本教文社。

ポッター、V・R 一九七四、今堀和友・小泉仰・斎藤信彦訳『バイオエシックス――生存の科学』ダイヤモンド社。

ホワイト、リン 一九七二、青木靖三訳『機械と神――生態学的危機の歴史的根源』みすず書房。

マーチャント、キャロリン 一九九四、川本隆史・須藤自由児・水谷広訳『ラディカルエコロジー――住みよい世界を求めて』産業図書。

松田純 二〇〇五、『遺伝子技術の進展と人間の未来――ドイツ生命環境倫理学に学ぶ』知泉書館。

ヨナス、ハンス 二〇〇〇、加藤尚武監訳『責任という原理――科学技術文明のための倫理学の試み』東信堂。

ラブロック、ジム 一九八四、星川淳訳『地球生命圏――ガイアの科学』工作舎。

レオポルド、アルド 一九九七、新島義昭訳『野生のうたが聞こえる』講談社学術文庫。

Council for a Parliament of the World's Religions 1993, *Declaration Toward a Global Ethic*, https://parlia

mentofreligions.org/pwr_resources/_includes/FCKcontent/File/TowardsAGlobalEthic.pdf（二〇一五年七月二二日閲覧）。

Engelhardt, H. Tristram Jr. 2000, *The Foundations of Christian Bioethics*, Swets and Zeitlinger Publishers.

Engelhardt, H. Tristram Jr. 2009, "The Discourses of Orthodox Christian Medical Ethics," in Robert Baker and Laurence McCullough eds., *The Cambridge World History of Medical Ethics*, Cambridge University Press.

Fan Ruiping ed. 1999, *Confucian Bioethics*, Kluwer Academic Publishers.

Fan Ruiping and Li Benfu 2004, "Truth Telling in Medicine: The Confucian View," *Journal of Medicine and Philosophy*, vol. 29, no. 2.

Have, Henk ten and Bert Gordijn eds. 2014, *Handbook of Global Bioethics*, Springer.

Ramsey, Paul 1970, *The Patient as Person: Explorations in Medical Ethics*, Yale University Press.

Tucker, Mary Evelyn and John Grim 1997, "Series Foreword," in Mary Tucker and Duncan Ryūken Williams eds., *Buddhism and Ecology: The Interconnection of Dharma and Deeds*, Harvard University Press.

第11章　宗教の社会貢献
——宗教的利他主義の実践と共生社会の模索

稲場圭信

一　時代の要請と問題の所在

社会貢献という言葉は、世の中のいたるところで使われるようになった。大災害時の救援ボランティア活動や困難な状況にある人たちへの寄り添い、支援活動が盛んになっている。そのような共に生きる、支え合う社会への動きにあって、人の救いに関わってきた宗教が社会の苦から超然としたところにだけ存することはあるまい。

欧米社会では、信仰を基盤とした社会貢献活動組織（Faith-Based Organization と呼ばれる。以下、ＦＢＯ）の動きが盛んである。アメリカ合衆国では、ＦＢＯの年間収入は三七八〇億ドル（約四〇兆円）で、様々に社会に貢献している。宗教者一人ひとりが宗教的価値に基づき社会に貢献していることを加味すると、宗教の社会貢献は年間一兆ドル以上にもなる（Grim and Grim 2016）。

宗教の社会貢献の側面として、教会のネットワークが、教育振興、市民参加、犯罪率の低下など治安にも寄与している。慈善活動においては、例えば、ルター派の団体（The Lutheran Services in America)は、年間全米の五〇人に一人にあたる六〇〇万人に対して福祉的ケアを提供している。全米で予算規模の大きい慈善団体五〇のうち二〇団体がFBOである。そして、地域の教会が社会福祉のプログラムに使う金額は、二〇一二年の調査では、九二・四億ドルで、二〇〇六年の三一・七億ドルから約三倍に増えている。教会の社会福祉プログラムでは、七六〇万人のボランティアが広範な活動をし、社会的連帯を強めることにも貢献している。また、全米の患者の六分の一はカトリック系の病院で治療を受けている。このような宗教を基盤とした組織は同様の機能を持つ世俗的組織よりも優れており、学校に関しても、暴力やいじめの発生率の少なさと学力の点から、宗教系学校が一般公立学校よりもよい環境を提供していると指摘されている(Grim and Grim 2016)。

宗教は人をより社会貢献するように、利他的にするのであろうか。欧米の各種の研究において、宗教的実践が利他主義と正の相関を持つという結果が提示されている。利他とは、読んで字のごとく、自己の利益ではなく他者の利益になる行為である。今の世の中、企業や大学など社会の組織に対して、社会の一員として世の中への「思いやり」が社会貢献として問われている。そのような現代社会にあって、宗教は利他性を発達させうるのか否か、宗教の社会貢献とは何なのか、そして、その可能性、これらを問うことは重要な社会的テーマである。

現代社会は、環境問題、国際紛争、テロリズム、経済問題、医療問題、介護福祉問題、年金問題、教育問題と、多くの難問を抱えている。このような難問を抱え、複雑化する社会にあって、専門家システムが脆くなった。従来のような行政主導のシステムに頼るのではない自発的な利他性に富む市民社会が必要とされ、市民のネットワークがますます重要になっている。そして、過剰な利己主義への批判と支え合う市民社会の構築への希求から、ボランティアや利他性に関する研究が盛んになる中、宗教的利他主義に関心が向けられている。

二　宗教的利他主義

利他主義とは、英語では、アルトルイズム(altruism)と言う。一九世紀のフランスの社会学者、オギュースト・コントによる造語である。利他主義という語は学問的に使われて久しいが、日常的には使わない。その意味するところは、自己の利益のためではなく他者のために心遣いをする態度である。端的に言えば、他者への「思いやり」である。

便宜上、ここでは利他主義を利他的行為として、「社会通念に照らして、困っている状況にあると判断される他者を援助する行為で、自分の利益をおもな目的としない」と定義する(稲場 二〇一一)。宗教的利他主義とは、宗教的理念に基づいた利他主義をいう。宗教的利他主義は、教団の社会的あり方を形づくっているとともに、個々の宗教者や信者の生き方、特に他者・社会との関わり方に影響を与えている。また、宗教的利他主義は、その信仰によっていかに救われるかという救済観とも関連している。ゆえに、宗教の社会貢献を考える上で、この宗教的利他主義が重要である。

「利他」という漢字は仏教用語からきているが、利他主義自体は仏教の専売特許ではなく、諸宗教で説かれる。チャリティという言葉があるが、それはキリスト教に源流がある。チャリティ(charity)は日本語に訳せば「慈善」となるが、その語源であるラテン語のカリタス(caritas)はギリシャ語のアガペー(agape)の訳であり、キリスト教においては神の愛と隣人愛を意味する。特に、貧者への施しはイエスの説いた隣人愛の端的な実践であり、強盗に襲われて道端で弱っていた旅人に手をさしのべた「よいサマリア人」がモデルとされる(新約聖書「ルカの福音書」一〇章二五―三七節)。すなわち、慈善は、宗教的背景のもと、他者へあわれみを持ち、困窮者や不幸な人を救う善意の行い、善行を意味する。

　キリスト教のみならず、ユダヤ教、イスラーム、仏教など多くの宗教において、慈善は尊い行い、あるいは信仰者としての義務として説かれている。慈善は、自己の財産を他者に分け与える喜捨とも関連している。そこには相互扶助、利他主義の思想がある。ユダヤ教の正典に説かれる喜捨、すなわち他者への施しは神の義にかなう行為と見なされている。また、イスラームでも、喜捨が五つの信仰義務のうちの一つとして定められ、イスラーム諸国には、公共の福祉のために利用される慈善制度(ワクフ)[1]がある。キリスト教やイスラームのような一神教の宗教の場合、宗教的利他主義は、善行を通して神の栄光に奉仕することを意味し、利他的行為の対象である他者との関係は神を通して理解される場合が多い。

　宗教を信じることによって、その信じた人の価値観、世界観がその宗教により築かれ、その宗教により説かれる利他主義もその信者の生き方を規定し、利他的精神を涵養するのであれば、利他主義を説く宗教を信じて深い関与がある人ほど、利他性が強いことになる。欧米の研究では、教会参加とボランティア活動などの利他的行為との間には明らかな相関があると結論づけている(Neusner and Chilton eds. 2005, Habito and Inaba eds. 2006, Inaba and Loewenthal 2009)。

三　ボランティアと宗教

宗教とボランティアの関係性の研究は近年ますます盛んになっている。より宗教的な人は、よりボランティア活動に参加するという研究結果がでている(Hustinx et al. eds. 2015)。ボランティア行動の動機を説明する欧米研究は、四つの理論にまとめることができる(三谷 二〇一六)。すなわち、個人が持つ資源の多寡によって合理選択を行う結果と考える「資源理論」、他者の苦痛を自分のものとして感じ取れる共感によるものとみなす「共感理論」、宗教の教義や文化による利他的慣習の一部と考える「宗教理論」、個人の置かれた社会環境や周りの人間・機関(社会化エージェント)に施された教育による社会化の産物と考える「社会化理論」である。宗教理論は、教団という組織的ネットワークの点で資源理論と、信仰心と共感の点で共感理論と重なる部分が存在する。また、社会化エージェントによる社会化も共感性や宗教心から強い影響を受けている。このようにボランティア行動の動機の面でも宗教の影響が強いことがわかる。

宗教とボランティアの関係において、とりわけ重要なのが教会参加である。教会のネットワークによってボランティア参加の情報を入手し、また、このネットワークからボランティア活動に誘われ、そのネットワークにおける規範的期待や社会的圧力がボランティアを促す「ネットワーク仮説」(the network hypothesis)(Ruiter and Graaf 2006, Wuthnow 2004)が指摘され、多くの研究で立証されている。一方で、規範的期待や社会的圧力は、ボランティアの本来持つ自由意志や選択の自由といった側面と対立する。信仰義務における慈善、宗教的利他主義も同様に、自由意志との間に軋轢が生じる可能性がある。しかし、研究においても、公の言説においても、規範的期待や社会的圧力よりもボランティアの美徳や共感を強調し、脱政治化する傾向がある。

ボランティア活動は社会的連帯を強め、宗教者はボランティアをする傾向があるので、世俗化が社会的連帯を弱めるのではないかという懸念もある。しかし、世俗化、再宗教化という単純な議論ではなく、多様な社会のありようの中で、宗教者のボランティア活動が、無宗教の人、社会一般へ働きかける拡散効果(spill-over effect)(Lim and MacGregor 2012, Ruiter and Graaf 2006)が指摘されている。拡散効果は、もともとは公共経済学の概念だが、宗教者による利他的な倫理観の社会への波及効果として論じられている。

宗教者によるボランティア活動は、海外では、特にホスピス、ターミナルケアにおいて顕著である。そこでは、人生の最期にあたって、それまでの人生を振り返り、死を受け入れる準備を宗教者がサポートする。また、患者が亡くなった後、遺族の精神的ケアをする。日本においては、癌患者への告知の是非が一九七〇年代頃から議論されるようになり、一九八一年に最初のキリスト教系の聖隷ホスピス(聖隷三方原病院)が誕生した。また、仏教では、一九八七年に浄土真宗本願寺派のビハーラ運動が始まった。心の領域のケアとして、宗教ボランティアの必要性が徐々にではあるが理解されつつある。

東日本大震災後には、臨床宗教師が誕生している。臨床宗教師とは、超宗派を基本とし、布教を目的とせず、病院など公共の場で悲嘆や苦悩を抱える人々の心のケアをする宗教者である。東日本大震災発生後、宮城県宗教法人連絡協議会により、心のケアのために開設された「心の相談室」の経験をもとにしている。臨床宗教師の育成は、東北大学実践宗教学寄附講座が二〇一二年度よりはじめ、その後、他大学にも研修機関が広がり、二〇一六年二月には日本臨床宗教師会が発足している。

四　宗教の社会貢献の領域

宗教の社会貢献には長い歴史がある。そして、宗教は確かに社会に貢献している。その内容は、災害時救援活動、発展途上国支援活動、平和運動、環境への取り組み、地域での奉仕活動、医療・福祉活動、教育・文化振興など非常に多岐にわたる。しかし、宗教の社会貢献は、直接的に目に見える社会的実用性のみから問われるものではない。今の世の中これでいいのか、人間としてどうなのかと社会のあり方を根本から問い直したり、思いやりの精神を涵養したりすることも宗教の社会的役割であり、社会貢献ではないか。そこで、筆者は、宗教の社会貢献を「宗教者、宗教団体、あるいは宗教と関連する文化や思想などが、社会のさまざまな領域における問題の解決に寄与したり、人々の生活の質の維持・向上に寄与したりすること」(稲場 二〇一一)と緩やかに定義しているが、それは上記のような見解に依拠している。

宗教の社会貢献の構成要素をもとに、それぞれの研究をみることが有益である。

①だれが：主体(個人、教団、思想・文化)

②だれを：対象(教団内の人、教団外の人、社会一般)

③どこで：場所(教団施設内、教団施設外)

④いつ：頻度（継続、要請に応じて、緊急災害時）
⑤何を：領域（目的）
⑥どのように：方法（教団外部組織と共同、教団外部組織を支援など）
⑦なぜするのか：宗教的理念・思想

これは、あくまで理念型である。主体・対象が実践の現場では渾然一体となる場合もある。では、宗教の社会貢献の領域はどのように設定したらよいのであろうか。筆者は、以下のように分類している。

①緊急災害時救援活動
②発展途上国支援活動
③人権・多文化共生・平和運動・宗教間対話
④環境問題への取り組み
⑤地域での奉仕活動
⑥医療・福祉活動
⑦教育・文化振興・人材育成
⑧宗教的儀礼・行為・救済

さて、ここで、境界の問題が発生する。すなわち、政治活動を社会貢献とみなすのか、宗教そのものが持つ公益性を社会貢献とみなすのか、いわゆる宗教的な儀礼・行為・救済を社会貢献に含めてよいのか、などといった問題である。そこには、国家と宗教、社会と個人、宗教をめぐる制度の問題、宗教に対する社会の見方、社会の期待が重層的に絡んでいる。例えば、アメリカでは、政府が宗教団体の社会福祉サービスに補助金を出すことは、合衆国憲法修正第一条に定められた政教分離の原則に抵触しないと判断し、世論調査でも七割近くの国民がそのことに賛成している。また、半数以上が宗教による政治への参加を肯定し、七割近くが、宗教団体が社会問題の解決において貢献をしていると考えている(Pew Research Center 2005)。

五　ソーシャル・キャピタルとしての宗教

社会の様々な組織や集団の基盤にある「信頼」「規範」「人と人との互酬性」が強く、しっかりしているところは、組織、集団として強い。人々の支え合い行為が活発化し、社会の様々な問題も改善される。そのような考え方に異論は少ないだろう。組織や集団にあるこの「信頼」「規範」「人と人との互酬性」がソーシャル・キャピタル(Social Capital 社会関係資本)と言われるものである。

欧米では、ソーシャル・キャピタルとしての宗教に対する関心が高い(Smidt ed. 2003, Furbey et al. 2006)。宗教が、人と人とのつながりを作りだし、コミュニティの基盤となる可能性がある。そして、そこに宗教的利他主義との関連が論じられる。

アメリカの教会がソーシャル・キャピタルを創出するのに成功している理由として、教会参加が情緒的なニーズを満たす、聖職者が地域社会を良くしてメンバーをつなぎとめる努力をしている、社会的責任を説く宗教教育がある、移動性の高い社会で、地域社会も変化し、宗教組織だけが主なローカル地域社会の担い手となったなどの理由があげられている(Cnaan et al. 2002, pp. 255–278)。日本においても、宗教の持つソーシャル・キャピタルに着目した研究が盛んである(稲場・櫻井編 二〇〇九、櫻井・濱田編著 二〇一二、大谷・藤本編著 二〇一二、葛西・板井編著 二〇一三、稲場・黒崎編著 二〇一三)。

今、宗教団体、宗教者のボランティア活動、社会貢献活動は少しずつ増えてきている。そこでは、宗教が与える世界観と信仰というバックボーンが個々のボランティアの精神的支えになっている。さらには、世界観と信仰を共有するボランティア同士のつながりも重要な精神的支えである。それゆえ、宗教的世界観を共有したメンバーたちによって構成される活動は、宗教的世界観を共有しない人には、閉鎖的な感覚を与える可能性がある。いわゆる、結束型のソーシャル・キャピタルになる。一方で、宗教団体の社会貢献活動、宗教者のボランティア活動が、社会的共感を呼び、宗教を超えて世の中に利他的な倫理観を伝えていく、拡散効果の可能性も否定できない。これは橋渡し型のソーシャル・キャピタルとなる。

福祉国家における財政難から、宗教による社会貢献、ボランティアに対する期待もある。そして、そのような宗教者によるボランティア活動、社会貢献活動が、公共空間における宗教の再加入を後押ししている。ここでも橋渡し型のソーシャル・キャピタルの重要性が指摘されている(Hustinx et al. eds. 2015)。

六　宗教NGO

宗教団体のボランティア活動が高度に組織化され、世界的に活動しているNGO（非政府組織）がある。そのような宗教団体が母体となっているNGOを宗教NGOと呼ぶ。宗教NGOには、宗教の自由や振興を目的としている団体もあるが、多くの宗教NGOが一教団としての活動を超えて、宗教的な理念に基づいて平和実現や難民支援などのために社会貢献として活動している。

用語としてNGOという言葉が歴史上最初に登場したのは、一九四五年一〇月二四日に発効した国連憲章の第七一条の中である。国連広報局によれば、NGOとは、「地域、国家あるいは国際レベルで組織された、非営利の市民ボランティア団体」を指す。国連は、開発、環境、人権等において顕著な活動をし、一定の資格要件を満たす国際的および国内的NGOに対して、経済社会理事会における協議的地位を与えている。こうした「国連NGO」は、経済社会理事会およびその補助機関の会議に出席し、意見書を提出したり、意見表明をしたりすることができる。三つの分類があり、総合協議的資格（経済社会理事会が担当する全ての問題に関わる団体）、特殊協議的資格（経済社会理事会の活動分野の一部に関わる団体）、ロスター（登録：場合によりその活動に有益な貢献をなし得る団体）である。

経済社会理事会における総合協議的資格を得ている国連NGO、約二〇〇〇組織のうち宗教NGOは約一割であるが、そのうち、キリスト教系が六割弱（カトリックが三割強）、ムスリムが約一五％を占める（Carrette and Miall eds. 2017）。日本の宗教団体を母体とした国連NGOには、総合協議的資格を持つオイスカ、特殊協議的資格を持つ神道国際学会、ありがとうインターナショナル、ロスターの創価学会インターナショナルがある。

現在、NGOの存在意義が問われているその社会的背景は、グローバリゼーションである。その問題点は、グローバル化が強者からなされ、大国や一握りの富者が地球規模で経済的・政治的支配を拡大させていることである。このような状況下で、ＮＧＯの重要性が増している。一九九〇年代からのグローバルな市民社会の拡大にともない、宗教ＮＧＯにも関心が向けられている。宗教ＮＧＯは、信教・宗教の自由や国連外交ならびに政策決定への寄与に加えて、保健衛生や社会保障などの生活一般の公共的サービスの増進を目指す社会開発の分野、人権や開発問題など社会正義の過程への関与の活動が顕著である(Carrette and Miall eds. 2017)。

日本の宗教団体が母体となっているＮＧＯが活動を開始したのは、日本におけるＮＧＯの誕生と時を同じくするＮＧＯ第一期の一九三〇年代後半から一九五〇年代であるが、この時期は、戦争期における被災民への贖罪としてスタートした活動が多い。一九三八年には、関西のキリスト者医療従事者が中国難民救済の施療班を派遣した。第二期の一九六〇—七〇年代は、高度経済成長にともなって、日本社会は公害問題、労働問題、原水爆問題など様々な社会・政治問題に直面し、様々な問題に取り組む学生運動や市民運動が形成され、世界的な視野の活動も展開された。クリスチャン・アカデミーは、第二次大戦後の反省から戦後ドイツで起こり、日本でも一九六一年、財団法人としての認可を受け、以後、社会教育活動を推進した。財団法人オイスカは、三五教《あななない》、中野與之助により一九六一年に設立され、途上国の農村開発協力、環境保全、青年育成に取り組み始めた。また、世界宗教者平和会議日本委員会も一九七一年に設立されている。第三期は一九七九—八〇年代、ベトナムおよびカンボジア難民救援のＮＧＯが多数誕生した時期であるが、シャンティ国際ボランティア会の前身、曹洞宗東南アジア難民救済会議(曹洞宗国際ボランティア会)が、カンボジア、タイ、ラオスで教育・文化支援活動を開始した。第四期は、一九八〇年代後半から始まるNGOネットワーク形成である。超宗派の仏教者によるアーユス仏教国際協力ネットワーク（一九九三年）、妙智會「ありがとう基金」（二〇一二年、ありがとうインターナショナルと名称変更）による「子どものための宗教者ネットワーク」（一九九八年）、庭野平和財団（立正佼成会を創立した庭野日敬が一九七八年につくる）、アーユス仏教国際協力ネットワーク、シャンティ国際ボランティアセンター、立正佼成会「一食平和基金」、妙智會「ありがとう基金」五団体を中心にした「仏教NGOネットワーク」（二〇〇三年）が発足し、宗教者によるNGOが積極的に相互協力を始めた。

死者約二二万人を出した二〇〇四年のスマトラ島沖地震と大津波には、多くの人が心をいため、募金活動や支援活動の輪が世界に広がった。東日本大震災でも海外からNGOの支援があった。その中には、宗教団体のボランティア活動もあった。こうした宗教NGOが、他の一般NGOを追随するのではなく、宗教理念をもとにして、新たな地平を開けるか。今後の課題である。

七　支え合う共生社会へ

世界を見渡すと「〇〇ファースト」が横行し、民族・人種の多様性を尊重する多文化主義は瀕死の状況となってしまった。二一世紀に入り、生物的特徴ではなく、文化的特徴による人種差別が生じてきた。文化が肯定的にとらえられる一方で、文化に基づく差異や隔絶が人間を分断させることにもなっている。

多様な人種が住んでいるUKもアメリカ合衆国もメルティング・ポット(人種のるつぼ)ではない。メルト(融合)しておらず、モザイク、あるいはサラダ・ボール状態となっている。民族や人種でわかれている地域がある。そして、今、多様な民族や人種の共生がますます困難な時代に突入した。

グローバル化の問題、異質な他者との共生の問題は、なにも欧米だけのものではない。日本にも浸透している現代的な問題である。日本で生活する外国人たちの中には自分たちの信仰の場をつくりだす集団もある。二〇一八年現在、日本全国に八〇ほどのモスクが存在し、約一〇万人のムスリムが日本で生活している。その彼らは、東日本大震災の被災地に駆けつけた。カレーライスの炊き出しを行った。海外からも仏教系NGO、キリスト教系NGOなど様々な団体が被災地で支援活動をした。しかし、日常では、生活習慣の違い、価値観の衝突もある。異質な他者との「共生」の関係をどのように構築するのか。グローバル化する現代、社会の枠組みが大きく変容している今、「共生」は世界的なテーマである。つながりが希薄になった現代において、生きることに困難を感じている人がいる。行政主導のお上という「公」ではなく、つながり、支え合いによる社会を構築しようという動きも起きている。宗教者もそこに社会的力となって存在している。

現代社会を見渡せば、宗教団体と宗教者による社会貢献活動は、活動の実質的な担い手としての機能に加えて、思いやりの精神を育てる公共的な場を提供する機能をも併せ持っていると言えよう。宗教の社会貢献が、支え合う共生社会を醸成する一助となるか。現代社会の重要なテーマである。

（1）一定の財産を基金として供出することで、モスクや学校の建設あるいは社会的弱者の救済などの慈善事業を行うもの。国家が管理する国もある。

参照文献

稲場圭信 二〇一一、『利他主義と宗教』弘文堂。
稲場圭信・黒崎浩行編著 二〇一三、『震災復興と宗教』明石書店。
稲場圭信・櫻井義秀編 二〇〇九、『社会貢献する宗教』世界思想社。
大谷栄一・藤本頼生編著 二〇一二、『地域社会をつくる宗教』明石書店。
葛西賢太・板井正斉編著 二〇一三、『ケアとしての宗教』明石書店。
櫻井義秀・濱田陽編著 二〇一二、『アジアの宗教とソーシャル・キャピタル』明石書店。
三谷はるよ 二〇一六、『ボランティアを生みだすもの——利他の計量社会学』有斐閣。
Carrette, Jeremy and Hugh Miall eds. 2017, *Religion, NGOs and the United Nations: Visible and Invisible Actors in Power*, Bloomsbury Academic.
Cnaan, Ram et al. 2002, *The Invisible Caring Hand: American Congregations and the Provision of Welfare*, New York University Press.
Furbey, Robert et al. 2006, *Faith as Social Capital*, Joseph Rowntree Foundation.
Grim, Brian and Melissa Grim 2016, "The Socio-economic Contribution of Religion to American Society: An Empirical Analysis," *Interdisciplinary Journal of Research on Religion*, vol. 12.
Habito, Ruben and Keishin Inaba eds. 2006, *The Practice of Altruism: Caring and Religion in Global Perspective*, Cambridge Scholars Press.
Hustinx, Lesley, Johan von Essen, Jacques Haers, and Sara Mels eds. 2015, *Religion and Volunteering: Complex, Contested and Ambiguous Relationships*, Springer.

Inaba, Keishin 2004, *Altruism in New Religious Movements: The Jesus Army and the Friends of the Western Buddhist Order in Britain*, University Education Press.

Inaba, Keishin and Kate Loewenthal 2009, "Religion and Altruism," in Peter B. Clarke ed., *The Oxford Handbook of the Sociology of Religion*, Oxford University Press.

Lim, Chaeyoon and Carol Ann MacGregor 2012, "Religion and Volunteering in Context: Disentangling the Contextual Effects of Religion on Voluntary Behavior," *American Sociological Review*, vol. 77, issue 5.

Neusner, Jacob and Bruce Chilton eds. 2005, *Altruism in World Religions*, Georgetown University Press.

Pew Research Center 2005, "Public Divided on Origins of Life."

Ruiter, Stijn and Nan Dirk De Graaf 2006, "National Context, Religiosity, and Volunteering: Results from 53 Countries," *American Sociological Review*, vol. 71, issue 2.

Smidt, Corwin ed. 2003, *Religion as Social Capital: Producing the Common Good*, Baylor University Press.

Wuthnow, Robert 2004, *Saving America? Faith-based Services and the Future of Civil Society*, Princeton University Press.

第12章　公共圏における宗教の社会参加

——世界最大の仏教NGO・慈済会の挑戦と試練

金子　昭

一　社会参画宗教・慈済会の特徴

台湾で四大仏教教団と言えば、佛光山、法鼓山、中台山[1]、慈済会[2]である。いずれも第二次世界大戦後その教勢を伸ばした教団であるが、佛光山、法鼓山、中台山が戦後、中国大陸から来た外省人の男性僧によって設立されたのに対して、慈済会は本省人の尼僧によって設立され、前三者に較べて台湾人アイデンティティをより強調する傾向がある。慈済会はまた、多方面にわたるボランティア活動及び事業（慈善、医療、教育、人文の四大志業に加えて、骨髄バンク、環境保護、国際救援、地域ボランティアを合わせて、「四大志業八大法印」と呼ぶ）を大規模に展開している教団として異彩を放ち、これら四教団の中では最も社会参画型宗教の性格を有している。

慈済会は歴然たる仏教教団である。組織の中核には出家集団が存在し、独自の仏教礼拝作法を有し、その行動理念も明確に仏教ヒューマニズムに由来する。また、創立者で現代表でもある證厳法師（一九三七年生まれ）のカリスマ性がきわめて強い。台湾を中心に会員総数は四〇〇万人を超え、世界最大の仏教ＮＧＯである。

慈済会は、大乗仏教における利他業の側面を強調し、菩薩道の実践を在家信徒の修行としてのボランティア活動と位置づけ、仏教を新たなステージにもたらした。この活動が「感恩奉仕」として仏教ヒューマニズム的な共同連帯思想を形成する。さらに「功徳を積む」という中国的な伝統観念がこの思想を下支えしている(丁　一九九九)。こうして慈済会は、宗教的に飽和状態にある台湾にあって、新たな境地を獲得することができたのである。

慈済会は、世界各地で災害が発生するや、被災地にいち早く駆けて救援を行い、そこがイスラーム圏であれば礼拝所まで再建してしまう。現地のイスラーム教徒たちは慈済会の親切さに感激し、「このような恵みに預かったのはアラーのおかげ」と、自らはイスラームのまま慈済会の会員やシンパになって、その諸活動に参加していく。慈済会の拡大の秘密はここにある。

これが台湾となると、もはや慈済会無しでは民間福祉も災害救援も語ることができないほど、同会の活動は社会の中に浸透している。慈済ボランティアは災害や事故の現場へもほとんどフリーパスで入ることができ、けが人救出の補助や救援物資の配布、被災者(被害者)やその関係者へのケア、さらに死亡者が出れば皆で念仏を唱えるということまでやってしまう。人々もごく自然に彼らの活動を受け入れている。台湾のテレビで災害や事故現場の中継があれば、そこに必ず「藍天白雲」(青いシャツと白いズボン)の服装をした慈済会のメンバーの姿が映っている。慈済会は民間救援組織としては台湾で圧倒的なシェアを誇り、したがって単独での活動が多く、そこに〝慈済色〟を強く出す傾向も見られる。

慈済会は、慈悲喜捨という仏教の四無量心の発露として、これらをそれぞれ慈(慈善志業)、悲(医療志業)、喜(人文志業)、捨(教育志業)の四大志業という社会実践の形で展開してきた。これらの志業は一九六六年の慈済会創設以来、一〇年の節目ごとに慈善志業、医療志業、教育志業、人文志業と順次それぞれ重点的に力を入れてきたという。しかし、これは後付け的な見方であろう。理念的には確かに四無量心が一〇年の節目ごとに四大志業を牽引してきたと言えようが、歴史的に見れば、慈済会は台湾社会のその時々のニーズに対応してこれらの志業を展開してきたのである。慈済会が民間社会事業体としての強力な力と信用を得るに至った背景には、台湾が戦後福祉国家の形成に出遅れたことがあったと指摘することができる。国際的な流れの中では「一周遅れて先頭を走っている姿」として、慈済会は福祉社会づくりのあり方をいわば先取りしている側面があると言えよう(金子 二〇〇五)。

台湾では、中国寄りの国民党と台湾独立的傾向を持つ民進党とが、政治的に激しく対立している。佛光山、法鼓山、中台山がその大陸系の由来からして政治的には国民党寄りであるのに対して、慈済会はどちらの側にもつかないことで、政治的にはクリーンな印象を与えている。しかし現実には、これだけ教団規模が大きくなると、存在自体が否応なく政治的たらざるをえないし、政治家側も慈済会の存在を無視できない。慈済会のイベントがあれば、どの政党の政治家たちもこぞって出席しているのである。證厳法師の「慈済宗」宣言(二〇〇六年)以後、組織としての団結力をいっそう強めつつある。それはポスト證厳法師の時代の同会の将来を見越しての動きのようにも見える。

慈済会は国際的社会関係資本《ソーシャル・キャピタル》として、グローバルな華僑ネットワークに乗って世界中で活動を展開しているが、その国の国情や華僑のありようによってさまざまな姿を取っている。とりわけ対照的な展開を見せているのが、インドネシアと日本である。

二　インドネシアでの大愛村建設

慈済会インドネシア支部の正式設立は一九九九年である。インドネシア支部は海外における同会支部の中では最も大きく、最も大きな成功を収めている。その背景には、現地で成功した華僑の存在と支援がある。活動も大規模で多方面にわたり、災害被災者のための大愛村や病院、学校を次々に建設し、また巨大な支部建物を建て、自前のテレビ局まで有している。一方、日本支部はその八年前の一九九一年に設立されたが、活動規模はそこまで至ってはいない。

インドネシアでも日本でも、慈済会の主要メンバーの大半は華僑である。両国の慈済会が異なる様相を示しているのは、両国の国情の相違、とりわけ華僑の存在やそのあり方に起因するところが大きい(金子 二〇一四)。インドネシアは世界で最も華僑人口が多く、七六七万人の華僑が住んでいるが(二〇一一年現在)、日本はインドネシアの一五分の一の五二万人に過ぎない。インドネシアは総人口が二億四〇〇〇万近くなので、華僑は人口比で言えばわずか三・二%である。ところが、この三・二%の華僑の中に巨大資本家や政商が数多く存在し、彼らがインドネシア経済の大半を統制しているとも言われている。日本の場合、華僑はそこまで大きな経済的な実力を有してはいない。インドネシアの慈済会の中心メンバーは、現地国籍を取得した新興華人と言われる人々であり、その多くは台湾出身の商人(台商)である。

最初期のインドネシアの慈済会は、華僑の家庭夫人が行うボランティア活動のレベルだった。それが急成長したのは、台湾から靴製造業の夫とともにインドネシアに来た劉素美が一九九四年に責任者(執行長)となってからである。劉は持ち前のリーダーシップを発揮し、彼女の采配の下で会の組織化がいっそう進み、金光集団(シナール・マス・グループ)を率いるクリスチャンの黄亦聰・黄榮年父子が入会し、活動規模も大きく拡大することになる。慈済会が各種の大規模支援活動及び事業を驚くべき短期間の内に行うことが可能なのは、そうした華人企業家たちの資金や人員動員力、また政界とのつながりがあってのことである。

五年後の一九九九年には、慈済会は貧困者を中心に、一〇万人分の生活援助物資の配布活動を開始した。同年九月、インドネシア連絡所が正式にインドネシア支部として認められ、この年の内に「インドネシア仏教慈済財団」として正式に登記された。大企業家の組織的な動員力を得て、二〇〇一年には前年に大地震の被害にあったパンジャン県の三つの村で小学校を再建するまでに至った。台湾において、慈済会は一九九九年の台湾大地震後、「希望工程」として五十数校の学校の校舎を自前で再建した実績を持つ。慈済会はそれだけの財政的実力を有するNGO組織なのである。

インドネシアにおいて最大の活動・事業とも言うべきは、二〇〇二年一月末に発生したジャカルタ大水害に際しての大規模支援活動、そしてこの活動に引き続いて行われた大愛村建設である。大愛村は水害発生の翌年二〇〇三年に大愛一村を竣工させ、二〇〇五年に同じくジャカルタ市北部に大愛二村を建設した。大愛一村は五階建て集合住宅全一七棟、一一〇〇戸が入り、また大愛二村は同じく全七棟、五八〇戸が入る(二〇〇四年一二月に発生したスマトラ島沖大地震における大規模支援の際には、翌二〇〇五年にアチェ州メラボに大愛三村を完成させた)。

　このうち、私は大愛一村を二〇一三年三月に訪問取材した。大愛一村は、熱帯の青空の下、白灰色の壁に赤い屋根がよく映える瀟洒な集合住宅群であった。文字を読めない人のために、一七棟全てにマンゴー、オレンジ、パパイヤなど異なる果物の絵が描かれている。各戸はいずれも一一坪で、台所に浴室、客間と二つの部屋がついている。住民は家賃の代わりに毎月九万ルピア(約一〇〇〇円)の管理運営費を納め、水道や電気代などは別途徴収になるという。就労支援の場として包装紙加工工場や裁縫工場が置かれているほか、屋台設置区域を設けて住民の生計手段としている。大愛村にはコミュニティの隣組グループや住民代表委員会が置かれ、慈済会側の管理委員会との取り決めを守りながら住宅の管理運営が進められている。当初、住民たちは、大愛村に入居すると仏教の信仰を強要されるのではないかと心配したようであるが、ムショラー(礼拝所)は設置され、一日五回のコーランの朗唱も村内に放送されている。

　大愛村建設に際しては、政府が土地を提供、建設資金は慈済会が捻出することになった。当時、黄榮年と郭再源の二人の副執行長は、自分たちだけで建設にあたろうと考えていた。それぞれが代表を務める大財閥企業をもってすれば、それが可能だと踏んでいたのである。しかし、證厳法師は、広く人々から基金を募って建設を行うべきだと勧告し、結果として一般への募金活動もすることになった。それでも、中心的存在はやはり華僑の企業家たちのグループであったことには違いない。

　大愛一村には病院と学校が併設されている。慈済大愛病院はベッド数四二床と小規模ながらも総合病院である。院内にはイスラームの祈りの部屋(これもムショラーという)もある。医師の八割は華人だが、看護師はほぼ全員インドネシア人という。病院の特徴としては、一般患者とともに低所得者層を受け入れていることである。また、慈済大愛学園は幼稚園、小・中学校、また職業専門学校及び高等学校が設けられている。貧困家庭のために学費は低く抑えられているが、近年では人気が出てきて他地区の優秀な子供たちも選抜されて入ってくるようになったという。ここでは中国語、また慈済人文教学の授業もそれぞれ週二回ずつ行われていると聞いた。こうして建設の後も、慈済会は自らの理念に基づく教育を導入しているのである。

三　慈済会における伝道の三点セット

宗教の海外伝道にあたっては、よく「三点セット」が必要だと言われる。すなわち教会、学校、病院である。植民地時代のキリスト教にとっては、この三点セットはいわば必需品であった。今でも、とくに開発途上国での布教伝道において、キリスト教に限らず多くの宗教がこの三点セットを持ちこんで活動をしている。この三つの内、最も重要なのが心魂の教導を担う教会であることは言うまでもない。ただ、純粋に教えだけを伝えるのは困難なこともあり、現地の人々に馴染んでもらうため、またその生活を支援するために行う社会貢献として、学校を作って教育を行い、病院を建てて医療を施すわけである。

この三点セットは、慈済会においても例外ではない。大愛村の病院と学校は現地の被災者復興住宅のために設置されたが、これとは別にインドネシア全体を射程に入れた三点セットがジャカルタ郊外の新興開発地域に設けられている。その中心にある「教会」に相当するのが、二〇一二年一〇月に竣工になったインドネシア支部静思堂である。この静思堂は、インドネシアでの大規模活動や事業を象徴するかのように、堂々たる慈済様式の建築である。高さ約六〇メートルの中央建物をはさみ、向かって右側は慈善志業の事務施設が入る大愛楼、左側は大愛テレビ局の入る感恩楼の両翼があり、世界最大の慈済会の建築である。さらに、これらを取り囲む敷地には、慈済国際学園や新たな総合病院も建築されている。

インドネシアに限らず、慈済会が伸びている国の多くは、貧富の格差が極端だったり、行政当局の福祉サービスが行き届いていない（両者は多くの場合、重なっている）。そうした国で商売や事業で成功し、財を成した華僑に対して、證厳法師は「その土地で富を得たのだから、それを現地に還元するように」と繰り返し語っている。かつての台湾社会もまたそうだった。慈済会は社会のニーズに嚙み合う活動を展開することにより、人心に強く訴え、教勢を伸ばすことができたのである。法師のよく語る言葉に、「救貧教富」（貧しき者を助け、富める者を教化する）があるが、このフレーズは富裕なメンバーに対してとくに強調されている。

インドネシア支部の幹部会員の多くは企業家たちであり、彼らの功績を称える伝記も幾つか出版されている。その中には、豪壮な邸宅や立派なオフィスビル、広大なプランテーション農園などの写真も掲載されている。しかし、そのような富は本来、現地の人々が享受すべきものだったのではないか。こういう見方に立てば、被災者の救済も大愛住宅の建設も、ただ愛と人道精神に基づく慈善活動という側面ばかりではなく、本来そこに帰すべき富を現地の人々に返す当然の社会還元という側面があるのは確かだ。実際、現地の人々の中には、慈済会の活動は富裕な華人による罪滅ぼしだと見る向きもある。しかし、社会の構造悪の解消までを慈済会に求めるのは酷であろう。この問題解決は社会参画宗教としての活動の域を超えている。

慈済会は貧困国や災害被害の最も深刻な地域にいち早く駆け付け、最後まで残って活動することを活動のモットーとしている。その最終段階において学校や病院を建て、そこで慈済精神に基づく教育やサービスを施す。被災地に再建された慈済学園などでは、〝慈済色〟の強い各種教育や指導が行われることが多い。こうしたことが、とくだんの抵抗なく進んでいるのが、開発途上の国々の現況でもある。

四　東日本大震災における義援金支援

日本における慈済会の主な担い手は、在日華僑の人々である。現在の活動としては、日本支部（東京）や関西連絡所（東大阪）などを中心に、慈善・医療・教育・人文の各志業を展開している。しかし、慈済会の主力メンバーとなっている華僑に大企業家や富豪がおらず、また台湾や東南アジアにおけるように強力な組織基盤を有していないために、日本支部の活動展開は比較的小規模である。特筆される活動として挙げられるのは、在日華僑を含めた外国人労働者等への支援、また慈済文化の普及・啓蒙などである。

日本支部が創設されたのは一九九一年六月である。慈済会が民間団体としては世界最大規模の骨髄バンクを有しているため、その存在は早い時期から関係者の間には知られていた。慈済会は一九九五年一月に発生した阪神・淡路大震災の際には台湾人留学生の安否確認や炊き出しを行っているが、同年から日本のボランティア団体「山友会」とともに隅田川沿いでテント生活するホームレスの支援活動を開始した。

二〇〇一年には、新宿大久保の九階建てビルを慈済会日本支部建物として使用することになった。インドネシア支部の場合とは異なり、このビルは花蓮の本部の資金提供により既存のビルを購入して改装したものである。入口部分の上に慈済様式の切妻破風を取り付けるなど、独自な改造を施している。この前後から災害救援活動が本格化し、二〇〇四年一〇月に発生した中越地震では緊急物資の援助や炊き出しを行った。

このような気運の中、二〇〇六年一月には慈済会独自の方式で、新宿区中央公園にてホームレスを対象とした大規模な炊き出しを行うまでに至った。このホームレス救援は、総勢八〇人を超えるボランティアが揃いの「藍天白雲」の活動着で参加した。炊き出しの際には、手話の振り付けを伴う慈済愛唱歌を歌い踊り、日用品の配給やおにぎりや味噌汁を振る舞った。

ところが、翌日、中央公園管理局は慈済会に炊き出しの差し止めを求めた。理由の一つは炊き出しがホームレスに依頼心を生じさせ、立ち直りを遅らせるからというものであり、もう一つは(大規模な炊き出し活動で)公園という公共の場所を占めてしまうからという懸念であった。そもそもホームレスが公園に住むということ自体が、公共の場所の「不法占拠」であり、これを助長するような行為は当局として容認できないというのである。しかし、うがった見方をすれば、慈済方式の炊き出しの姿の内に、宗教色の強いお祭りやイベントも合わせ行っているようにも見えて、当局から警戒されたという節もあったのではなかろうか。

日本支部は、二〇一一年に支部創設二〇年目の節目の年を迎え、これを祝う記念行事を考えていた。そんな中、三月一一日に発生したのが東日本大震災である。この未曽有の大災害に際して急遽、予定していた行事をすべて取りやめた。そして、台湾の花蓮総本部及び海外三九の支部の支援を得て、本格的な大規模活動を開始した（金子 二〇一一、葉・涂・李等 二〇一二）。地震発生当日の夕方には本部で総指揮センターを立ち上げ、地震発生翌日には第一回の救援物資として防寒毛布五〇〇〇枚など大量の物資を東京に届けた（自分たちが調達した救援物資は必ず自分たちの手で直接被災者に届けるというのが慈済会の救援の原則である）。

慈済会において何よりも大規模救援として特筆すべきは、我が国では他に類例を見ない義援金の直接配布を行ったということだ。義援金は、罹災《りさい》証明の交付を受けた被災住民に対して、「住宅被害見舞金」という名目で現金で手渡された。支給額も、単身世帯では三万円、二―三人世帯では五万円、四人以上の世帯では七万円と一律に決められた。六月から一二月の半年間で合計一〇回にわたり、岩手・宮城・福島の被災三県の自治体に赴き、実に九万七〇〇〇世帯に総額五〇億円余りの義援金を直接被災者に配布したのである。

慈済会は当座の緊急支援にとどまらず、先々の継続支援も早い段階から考えていた。その重要な一環として、被災地に自前で学校を建てる計画すら持っていた。慈済会は、被災した釜石市立の小・中学校についても再建可能であり、その用意もあるという意向を当局に伝えた。しかし、この校舎再建計画は当局の判断で結局取り止めになった。慈済会はその代わりに、学校給食費やスクールバス運行費用の支援を行うことにした。この方針転換は、良い結果をもたらしたと考えられる。もし校舎を再建していれば、慈済会から教育面においても何らかの指図や指導がなされないとも限らず（インドネシアの大愛学園がそうだった）、そこに公教育との軋轢が生じ、かえって友好にひびが入りかねない。それよりも、人と人との心の交流へとつなげることで真の友好関係が築けるはずだ。その後の支援活動は、実際そうした心の交流路線で進んでいった。

慈済会は、義援金配布を緊急支援として位置づけ、その後の支援活動を復興支援、日常支援へと舵を切り換えた。二〇一一年一二月の最終の義援金支給活動終了後、同月中旬には岩手と宮城の被災地を訪問して復興祈福会を開き、心のケアを中心とした活動を行った。翌年からは年に三、四回の割合で被災地を訪問し、仮設住宅の集会所で茶話会を開いて交流を深めることになった。そこでは台湾茶や菓子を振る舞い、台湾の民族舞踊や慈済会の手話の歌を披露しているが、それは老人ホーム慰問における活動内容とほぼ同様である。二〇一四年以降は、長期ケアや各戸訪問、就学援助も開始している。

慈済会の被災地での活動がより日常支援に近づいたものになってくるとともに、活動に共鳴する日本人ボランティアや協力者も次第に出てくるようになった。現在、東京の代々木公園では炊き出しが月二回行われ、また大阪の釜ヶ崎では、主に冬季であるが、同じく炊き出しも行われるようになった。慈済会メンバーはホームレスの人々にも貯金箱を渡して、世界各地の災害被災者のための義援金を募っている。たとえ一〇円、二〇円というお金であっても、生存ぎりぎりの状態の中からの義援金は尊い。支援を受けたホームレスの中からも、熱心な慈済ボランティアが現れている。

日本で慈済会が震災後、心の復興支援の路線を歩んできたことは、被災地の人々にいつまでも深い感謝の気持ちとして残り、その後の交流やボランティア協力にもスムーズにつながることができたのではないだろうか。親切と献身を受ければ、感謝と協力とで応答するのが人情である。こうした人間相互の交流が真の意味での民間交流として熟していくことになるのである。

五〇億円を超える義援金配布という多大な貢献からすれば、そこから生まれた共鳴は今のところまだ小さなレベルのものかもしれない。しかし、どんな樹木でも小さな種から芽生え、時間をかけて大きく育つものだ。日本の慈済会の教勢はインドネシアのようには伸びていないが、その社会的条件や文化的背景も異なるがゆえに、インドネシアでのような形で伸びる必要もないのではないか。慈済会日本支部は日本という社会や風土の中で、人々に融け込もうと試行錯誤を経つつ、着実に活動を積み重ねている。

五　慈済宗宣言――〝超宗教〟的な宗教教団として

慈済会創立の一九六六年から四〇周年の節目の年である二〇〇六年一二月、證厳法師は、花蓮の慈済会本部静思堂での研修会で「慈済宗」宣言を行った（證厳 二〇〇八、釋徳凡編 二〇〇九）。法師は、この講話の中で、慈済人一人ひとりが皆、「慈済宗門」の初代であり、「四大志業八大法印」にそれぞれ専心するとともに、「静思法脈を受け継ぎ、慈済宗門を宣揚しよう」と呼びかけた。この宣言は慈済会の独自性をより明確に打ち出すものとなった。

「慈済宗」宣言の背景には、その前年二〇〇五年一〇月に法鼓山創立者の聖厳法師(一九三〇—二〇〇九)が行った「中華禅法鼓宗(法鼓宗)」宣言の影響を見る向きもある。この年は、證厳法師及び聖厳法師の共通の「人間仏教」の師でもある印順導師が六月四日に示寂した年でもある。両法師がともに印順導師の思想的影響から離れて、それぞれに固有の理念に基づく独立した教団づくりへと明確に方向定位したとも理解できるのである。

慈済会では、所依の仏典よりも法師自身の著作、とりわけその語録『静思語』こそが「聖典」と言ってもよい位置づけにある。とくに二〇〇九年に刊行された『静思語』第三集は慈済宗宣言を意識したもので、全編が法師の語録から成り立っており、しかもそれらは文字通り拳々服膺しやすいよう、より短文の標語形式である。その一つ一つの文言は実際、あらゆる機会を捉えて啓発、宣伝され、『静思語』はそのダイジェスト版も含めて十数カ国語にも翻訳されている。さらに、慈済会関連の施設(学校、病院、資源回収場、大愛村も含めて)では、それらの文言が実際に標語として掲示されている。慈済会の活動記録は「慈済大蔵経」とされるが(3)、その行動規範たる『静思語』は「慈済阿含経」とも位置付けられている。

慈済会で説く「善の循環」は、「人間菩薩」の拡大再生産の運動であり、それにより「菩薩ネットワーク」も形成される。この循環拡大運動はそのまま慈済会組織の拡大再生産とも重ね合わされる。慈済会は自らの「善の循環」の輪の中へと人々を取り込むことで、救援活動を介して一種の布教伝道活動を行っていると見ることもできる。慈済精神を体現する慈済会という団体組織があり、そこには慈済人というメンバーシップや慈済独自の文化が存在する。慈済会は、宗教の別や宗教の有無にかかわらず、あらゆる人々を取り込むことができる〝超宗教〟教団なのである。

創立四〇年を迎えた二〇〇六年一二月になされた證厳法師の「慈済宗」宣言は、単なる仏教の一宗派ということではなく、まさにそのような〝超宗教〟としての姿勢を明瞭に打ち出したものであった。慈済会の「人間菩薩」たちは、実際さまざまな理由でボランティア活動に従事している。台湾ではそうした姿は日常風景のように生活の中に溶け込んでおり、「藍天白雲」の活動着は一目で慈済メンバーだと分かる。独自の華道や茶道、また手話劇などの文化活動も盛んで、〝慈済色〟は台湾社会の中で明瞭に現れている。それが、慈済宗宣言により、いっそう旗幟を鮮明にするに至ったと見ることができるのである。

六　新たな試練と今後の展望

敬虔なイスラーム教徒であることと、熱心な慈済会会員であることは矛盾しない。それだけ慈済会が仏教団体でありながら、他宗教を尊重しているということである。道徳にせよ宗教にせよ、精神的な次元での交流であれば、證厳法師の教えとアラーの教えとが合致するということで済む。慈済会はイスラーム圏であっても、現地の人々にイスラームの信仰を持ったまま、同時に同会のメンバーになることを勧めている。慈済の精神や理念は諸宗教と両立する普遍性を有するものと位置付けられるが、現実の慈済会は歴然とした団体組織であり、このメンバーになるよう勧誘する仕方は、一般の教団宗教のそれと同様である。このようにして、慈済会は他宗教を尊重しつつも、自らは〝超宗教〟の教団として人々をその活動や事業へと導いていくわけである。

そしてその一つのきっかけが災害救援である。見方によっては慈善救済を錦の御旗にして、災害被災地や貧困地域やそこに住む人々をなしくずし的に〝慈済化〟していると言えなくもない。また行政当局側も本来、自分たちが責任を持って行うべき災害支援や復興・貧困対策を、民間団体に肩代わりさせているという側面もあるだろう。もしかしたら、住民側も意識が高まるにつれて、このような支援のあり方を一種の覇権主義のように見なすことも予想される。慈済会はその意味で、はからずして政治化する宗教ともなっているのである。キリスト教系の支援団体がイスラーム圏の被災地において聖書を配布して批判を浴びたことがあった。慈済会でも、支援のかたわら人々を励ますという理由で、被災地の人々に『静思語』を配布することがある。こうしたところで強い〝慈済色〟が出てしまうのであるが、そこに思わぬ文化摩擦をもたらす危うさが存している。

近年、台湾において実際そのような事態が起こった。二〇〇九年八月に発生した豪雨水害(八八水災)で、台湾南部の先住民族の村が流されたため、慈済会は広大な敷地を地方政府より譲り受け、「杉林大愛村」を建設した。ところが、先住民族からすれば住み慣れた山地から移住を強いられ、建物も慈済様式の上に、菜食の勧めなど生活指導まで行われたため、自らのアイデンティティに危機感を感じて抵抗運動が起こった。慈済会は善意に名を借りて、先住民族の文化や慣習に干渉しているという批判が世論も巻き込んでなされ、現在では、慈済会は杉林大愛村から身を引くに至っている。

こうしたリアクションは現在のところ散発的なものであるが、被支援者側の意識が高まれば、押し付け支援だという反発が今後世界各地でも起こることになってこよう。手話劇を中心とした慈済文化についても、年々パフォーマンスの規模が拡大し、マスゲーム化する傾向にある。たしかに慈済会の団結を確かめ、団体意識を高揚させる効果もあるが、その一方で外部の人々に対しては一種の脅威と警戒感を与えてしまう。

二〇一六年、慈済会は創立五〇周年を迎えた。證厳法師の存在とそのカリスマはあまりに大きい。たとえポスト證厳法師の時代になっても、慈済宗としてのアイデンティティの下で宗門教学も整備され、また確固たる団体組織としても発展していくだろうと、私は予想している。法鼓山では、聖厳法師は自らの後継者としてそれほどカリスマ的存在ではない果東法師(一九五五生まれ)を指名した。そこには、自ら興した「法鼓宗」を安定・定着させようという聖厳法師の思いがあるとも考えられる。慈済会の場合も、證厳法師の後継者は同様の仕方で選ばれるのではないだろうか。その一方で、多角的に展開する「四大志業八大法印」の諸活動においては、現在すでに確立しているように、在家の幹部会員を中心とした集団指導体制が取られていくことが予測されるのである。

注

(1) 佛光山は星雲大師が一九六七年に高雄で開山、また法鼓山は聖厳法師が農禅寺及び中華仏教文化館をもとにして一九八九年に北部の新北市で開山した。中台山は中台禅寺とも言い、惟覚和尚が中部の南投市で一九九二年に建設を開始し、二〇〇一年に落成した。

(2) 慈済会の創立当初の名称は仏教慈済功徳会、現在の正式名称は財団法人仏教慈済基金会と称する。その略称は旧漢字(繁体字)表記で慈濟、アルファベット表記ではTzu Chi(ツーチー)である。

（3）慈済会では自らの活動及び事業の記録・保存・広報に力を入れており、これらの総体を「慈済大蔵経」と称する。同会の公式ホームページ(http://www.tzuchi.org/)の中国語タイトルも「慈濟大藏經」と銘打たれている。

参照文献

金子昭　二〇〇五、『驚異の仏教ボランティア――台湾の社会参画仏教「慈済会」』白馬社。
金子昭　二〇一一、「東日本大震災における台湾・仏教慈済基金会の救援活動――釜石市での義援金配布の取材と意見交換から」『宗教と社会貢献』第一巻第二号(「宗教と社会貢献」研究会)。
金子昭　二〇一四、「インドネシアにおける台湾仏教慈済基金会の活動――とくにジャカルタでの大愛村建設をめぐって」『天理大学おやさと研究所年報』第二〇号。
釋徳凡編　二〇〇九、『證嚴上人思想體系探究叢書第一輯』慈濟文化出版社。
證厳法師　二〇〇八、『眞實之路――慈濟年輪與宗門』天下遠見出版。
丁仁傑　一九九九、『社會脈絡中的助人行爲――台灣佛教慈濟功德會個案研究』聯經出版事業公司。
葉文鶯・凃心怡・李委煌等　二〇一二、『走過3・11』上・下巻、慈濟傳播人文志業基金會。

第13章　市民社会と生命現象
――弱さと暴力に向きあう場としての〈ラルシュ〉共同体運動

寺戸淳子

一　はじめに

「公共性」というとき、念頭にあるのは「近代市民社会」であり、そこに生きる人々は自由と平等の下にある「市民」として想定されていると考えられる。一方、本稿で取り上げる〈ラルシュ〉は、「市民」とみなされてはこなかったように見える「知的な障害がある人々」（ラルシュでは「メンバー」と呼ばれる）がアシスタントと共同生活を送る共同体運動である。カナダ出身の男性ジャン・ヴァニエ（一九二八―）が、知的な障害がある人たちの施設での暮らしに衝撃を受け、一九六四年にパリ北東のトローリー・ブルイユ村で二人の男性を施設から迎えて一軒家で暮らし始めたことに始まり、二〇一八年現在、世界三七カ国の一五〇を超える共同体からなる〈国際ラルシュ〉ネットワークを形成している（日本にも静岡県に共同体がある）。カトリック信仰に基づく共同体として誕生し、他の宗教宗派の国や地域にも作られるようになったのちは、超宗教宗派の「祈りの共同体」というアイデンティティを重視している。現在、先進国では通常「社会福祉法人」として行政の管轄下にある。近年、特に欧米のラルシュ共同体では、一年単位で短期滞在するボランティア・アシスタントの多くが、各国で若者に提供されている「市民貢献活動」の一環として、ギャップイヤー（高校卒業後、大学入学を延期して社会経験を積む）を利用して自国や他国の共同体にやってくる。そのためホームによってはアシスタントの母語がばらばらなこともある。

ラルシュは「市民教育」の一翼を担う団体として存在感を示しており、若者の中にはジャン・ヴァニエのこともラルシュ共同体のことも知らずにやってくる者も多いという。これらのことから、ラルシュ共同体は市民社会と宗教の関係や「市民」の概念を再考する場として有効と考えられるが、本稿ではその一環として、ラルシュの創始者ジャン・ヴァニエのメッセージにおいて「共同体」にどのようなヴィジョンが込められているのか、そこでは市民社会のどの面を補い、強化し、どの面に改革を求めているのかの分析を行う。はじめにラルシュ共同体の沿革とそこでの生活、およびその活動に対する外部評価の例を、次にヴァニエのメッセージを概観して、考察を加える。

二　〈ラルシュ〉共同体運動

共同体の沿革と日々の生活(1)

ジャン・ヴァニエは第二次世界大戦を機に軍人を志したが、戦後除隊して一時司祭を目指し、神学と哲学を修め、ラルシュの活動を始める前はトロント大学で哲学講師を務めていた。障害がある人たちに家庭を提供したいと願って住み始めたヴァニエだったが、すぐに講演会や、新しい共同体を立ち上げたいという要望に応えて、インド、アフリカ、中南米など世界を飛び回るようになる。ようやく一年間サバティカルという形で対外的な活動を休止し、重度身体障害もあるメンバーのための特別ホームでアシスタントとして生活したときの経験が、自分自身を受け入れ自由になるためにとても重要だったと最新作で語っている(Vanier 2017, p. 95)。当初は障害が軽い人たちだけだったが、徐々に障害の重い人、また重度の身体障害がある人たちも入居できるよう施設が整えられていった。近年では、精神疾患のメンバーも増えてきている。

ひとつの共同体は数軒のホームからなり、一軒に四―五人のメンバーとほぼ同数のアシスタントが暮らす。運営は常勤スタッフが行い、先述の短期ボランティア・アシスタント(おもに市民貢献活動やワーキングホリデーの利用者)からスタッフになる道もある。大きな共同体はデイ・サービスや作業所を備え、自宅から通ってくるメンバーやアシスタントもいる。かつてラルシュで暮らすことは、生涯独身のまま知的な障害がある人たちと「家庭」を作るという召命のような意味をもっていたが、現在は毎年ボランティアが入れ替わり、当初とはすっかり様変わりしたと、創設世代のスタッフは感じている。

ラルシュでアシスタントが経験する生活は、ごく当たり前の日々の暮らしである。担当するメンバーによって必要な介助に違いはあるが、起床、身支度、朝食、お弁当作り、連絡ノートに前日からの様子を書いて各自の日中の活動に送り出したのち、午前中は掃除、洗濯、買い物などの家事を手分けして行い、昼食後は休み時間、メンバーが帰宅すると、夕食当番以外は家事をしたりメンバーと話したりして過ごす。夕食は共同体で最も大切な時間とされ、必ず全員一緒に食卓を囲み、曜日によって決まったお客様（他のホームのメンバーやアシスタント、共同体外の支援者など）を迎える。皆で食後の片付けをしたあとは、就寝の身支度までサロンでくつろぎ、一日の様子を日誌に記して終わる。共同体やホームによって異なるが、少なくとも週に一度は各ホームで祈りと交流の夕べがあり、希望者は各自の宗教宗派の施設にアシスタントの付き添いで通う。週末は外出やイベントが企画され、自宅で過ごすメンバーもいる。創設時とは異なり、現在は家庭で家族と暮らしていた人たちがラルシュに入居するという、かつてとは逆の動きになっているのである。また社会福祉法人として最低賃金や労働時間の規定を守ることと、家庭的共同生活（二四時間体制、無償の関係）をおくることの間で、葛藤が生じている。

ホームでの体験

各共同体のボランティア受け入れ担当者の話によると、ボランティアとしてラルシュにやってくる、特に若者の場合、動機はさまざまだが、内面に葛藤を抱えている場合が少なくないという。ボランティアに対しては、事前にケア従事者用オンライン教育プログラムの修了を求める共同体もあり、活動開始後はケアの訓練プログラム、リーダーシップ教育などの組織論や、ラルシュの理念などについての学習プログラムへの参加が義務づけられている。またボランティアは定期的に共同体の担当者やカウンセラーなどと面談し、活動終了時には派遣元の組織とラルシュに対してレポートを提出しなければならない。最近ではボランティア体験に基づいた学位取得論文も書かれるようになり、ネット上で公開されているものもある。そこには、刊行される体験記ではほとんど語られることのないネガティィブな感情を巡る経験と、彼らがそこから学んだことが記されている。ラルシュ共同体は国や地域によって状況が大きく異なるため、直面する問題も異なる点に注意しなければならないが、それでも彼らの体験やそこから得たものには共通性が認められる。

そのような論文のひとつに、「よきアシスタント」という理想と現実の葛藤を、「嫌悪感」をキーワードに論じたものがある(2)(Lallemand 2015)。筆者である青年はホーム到着直後から、その「不衛生」な生活環境に耐えられず、自分が「迎えられている」気がしなかったという。食物の管理、調理、食事の仕方、食後の片付けや排泄にまつわる匂いなど(それらにはもちろん危険回避という積極的役割もあるが)が嫌悪感を生み、強いストレスとなった。自分のことで頭がいっぱいで内にこもり、周りと距離を置いて孤立し、「自己」とは異なる「思い通りにならない現実」に対して壁を作った。特に、互いに親しく交わる場としてラルシュで最も大切にされている食事時間が嫌悪感の原因となっていたため、いっそう疲弊し、とうとうラルシュでの生活のすべてに、全く共感できなくなっていた。そして他者を劣った「もの」としてカテゴライズし、人間関係から排除するにいたった。また生理的嫌悪感だけでなく、自分が身につけている社会規範から外れる他者の「間違った」言動も、倫理的嫌悪感と怒りと無力感を引き起こした。さらにこれらの嫌悪感は、「嫌悪する自分」が他者に対して「不寛容」だと感じさせ、罪悪感と羞恥を味わわせたという。彼はアメリカの哲学者マーサ・ヌスバウムの二〇〇一年の著書に依拠しながら、感情が価値判断の基準となる「主体」を作るのなら、すなわち、自己ならざる現実という外部との関わり方を決定するのなら、他者の排除の根本原因は意見の対立ではなくこのような嫌悪感であろうと述べる。そして生理的嫌悪感も成長過程での学習によって身につける文化なのだから学習によって対応できるとし、議論を進めていく。

彼は、ラルシュでの共同生活におけるストレスの根本原因が、「嫌悪感を口にするのは間違っている」という抑圧にあったと分析している。数カ月の葛藤の末にそのタブーを破り、自分の嫌悪感を正直に口にすることによって状況は改善されたが、それは、よいアシスタントという理想、自分に対する幻想を捨て、自分が「望んでいるよりずっと弱い」と受け入れることだったと述べる。タブーがいったん破られると、嫌悪感を口にできなかったのが自分ひとりではなかったことがわかり、嫌悪感を今度は状況改善のための情報として共有・活用し、嫌悪感を催させた人物に働きかけられるようになった。彼はその過程を「対抗する」から「共に為す」への変化、他者に対する先入観と軽蔑的なステレオタイプ化の消失、「周りの世界との和解」と表現している。またそこから得た教訓として、「時間をとる」ことが他者の理解にとって決定的であり、他者の恐れに耳を傾けることで「時間を失う」こと、「disponible(空いている・開かれている・待機している)である」ことを学んだと書く。そして結論として、コミュニケーションが「交流と分かち合いのスペースを開くことによって、他者の理解が可能になる」と述べる(Lallemand 2015, pp. 42–68, 73–74)。

ラルシュが「市民」教育の場として機能した例と見なすことができるような論文だが、一方で「嫌悪感」について、途中で言及されながらその後展開されない主題がある。嫌悪感の原因と類型について、ロジンの分類表を参照しながら、それらは人間の「動物としての弱さ」(朽ちていくこと)、すなわち身体の「必要性」(食料、排泄)、「傷つきやすさ」(病気、障害、欠損、死性)、「時に伴う劣化」(成長、消化吸収、排泄、衰弱、死)への嫌悪感とみなしうると指摘する(Lallemand 2015, p. 31)。結論部でもこの点に触れているが、「自分の弱さ」については精神的な次元の話に留まり、他者によって想起させられた自身の動物性や生命としての脆弱さという主題は考察されずに終わっている。

「ラルシュの社会的有用性」

一九九〇年代から、ヴァニエはラルシュの活動を次世代に託す準備を始め、ラルシュの社会的意義やこれからの望ましいあり方を考える取り組みが、〈国際ラルシュ〉だけでなく国単位でも行われていった。そのひとつに、フランス・ラルシュの依頼で経済学者エリナ・ラジダ(3)がまとめた「ラルシュの社会的有用性評価レポート」(Lasida 2015, p. 17)がある。そこではラルシュの社会的有用性が、社会性・関係性・紐帯の醸成への寄与、すなわち、市場価値(生産性・効率)とは異なる社会的関係への貢献としてまとめられている。

ラジダは、ラルシュでは通常否定的に捉えられる以下の三つの要素を軸に、「権力・能力・超越」が常識とは逆のものとなり、そのことで「有用性」の概念自体に根本的な見直しが迫られるという。第一に、メンバーとアシスタントの関係において、「迎える／迎えられる」「友人／プロ」など、相反するものが共存し時に逆転することで生みだされる「緊張」から、互いに支え合い全員で話し合うという権力の共同性が生まれ、またボランティアの存在によって、競争社会とは異なる社会関係への視座が開かれる。第二に、「弱さ」が顕在化することで、相互に依存しあう関係に基づく強い絆が生まれる。そして第三に、メンバーが体現する「ただ存在する」(seul présence)ことの慎ましさによって、「できる」ではなく「居る力」とでも呼べるものに目が開かれる。このような権力・能力に関する社会的次元に加え、ラルシュには、「祝祭」によって、自分よりもっと大きな何かに含まれている感覚、人間の不完全性・有限性に関わる体験を得るという、個別の思想信条を超える普遍的な霊的次元という特徴もある。このようにレポートでは主に、「市場」に対する「市民社会」の価値の観点からラルシュの有用性が評価されているが、その結語は、ラルシュの意義は「権利の観点からはつかみきれない」というものである。

ここまで見てきたことを整理すると、冒頭で立てたラルシュと市民社会との関係についての問いに対しては、次のように答えられるだろう。ラルシュ共同体運動は、「ケア・ホーム」の別の選択肢を提供することで市民社会における制度を補い、市民社会が掲げる共生と互助という思想を強化する一方で、「弱さ」を積極的に評価する点で、市民社会における「有用性」(「力」があること)に再考を迫る運動となっている。

三　ジャン・ヴァニエのメッセージ

ヴァニエは著書『人間になる』の主題を、「心を〈不安〉や〈孤独〉の桎梏から、また私たちに他人を排除・排斥させることになる〈恐れ〉から解き放つこと」と書いている(バニエ 二〇〇五、一〇頁)。彼にとってはそのための場所が共同体であり、その共同体について語るとき「弱さ(が喚起する「暴力」)」「belonging(を求める「孤独」)」「祝祭(と「コミュニオン」)」がキーワードとして用いられる。先述のラルシュのレポートでは、弱さと祝祭への言及はあったものの、暴力とコミュニオンについては考察されておらず、そこに、市民社会を評価する視点からはこぼれやすい、「共同体」の核心があるのではないかと推測される。以下ではこれらの語彙に込められたメッセージと、その相関関係を見ていく。

弱さと暴力

ヴァニエは、ラルシュは「弱さが現れる場」であり、それゆえ暴力を経験する場であると繰り返し述べる。その弱さと暴力の関係には二種類ある。第一に、弱さが暴力の攻撃対象になる（被害者）、第二に、弱い自分を防衛するために攻撃的になる（加害者）。ラルシュが弱さの場だというのは、第一の意味（弱者救済の場）で理解されやすい。だがヴァニエが問題にするのは後者の、他者の弱さによって誘発される攻撃性、すなわち、「自分の弱さ」を突いてくる「他者の弱さ」に対する恐れと怒りと拒絶という、「弱さ故の暴力」である。それは、自分の限界や障害を受け入れることの困難に由来するという（バニエ 二〇〇五、一三八頁）。他者の「弱さ」があげる、愛と助けを求める「叫び」は、自分の弱さを思い出させ、不安にし、恐れさせ、怒りを覚えさせる。そして弱さと暴力（悪）を自分の内側に見いださないために、他者の弱さがあげる叫びに耳をふさぎ遠ざけようとする。(4) しかし自分の弱さを認めたとき、その弱さが今度は他者との間に共通のスペースを開く。上記学生の論文も、この体験を巡って書かれていたといえる。

この「弱さを仲立ちとする関わり」には、次の二つの特徴がある。第一に、それは「与える」ことではない。「他者のためにたくさんのことをする、与えて与えて、でも受け取ることがいつもできるわけではない」状態を、ヴァニエは「寛大な者の病」と呼び、それとは逆に、「弱さによる出会い」

とは「自分が世話をしている人によって変えられることを受け入れる」ことだという(Vanier 2017, p. 60)。このテーマに関してヴァニエが繰り返し語るのが、盲目で聾唖、歩くこともできなかった青年エリックを、重度身体障害者のホームで一年間アシスタントとして介助した体験である。エリックは四歳で施設に入れられてからは誰も面会に来ず、世界から見捨てられた寄る辺なさから心を閉ざし、怯えた叫びをあげるばかりだった。彼が抱えていた「存在することの苦しみ」を癒やし、そこから解放していったのは、尊敬と繊細さをもって触れられる経験の積み重ねだったとヴァニエは振り返る。エリックのお風呂の介助は特別な時間で、互いにあずけ、あずけられる、心地よい触れあいを通し、「一人ひとりが他者のためにそこに居る」という真の「コミュニオン」と、そこに輝く大いなる喜びを知ったという(Vanier 2017, p. 93)。これは、誰にも受け取ってもらえなかった「叫び」に応える行為であり、ヴァニエたちアシスタントはエリックの叫びを「受け取り」、彼は「与えられた」のではなく「受け取られた」のだといえるだろう。またこの観点から「暴力」を考えるとき、暴力は「受け取ることの拒絶」といえるだろう。ヴァニエは「エリックは私の先生だった」(Vanier 2017, p. 92)と述べ、九〇歳を超えた今、自分の弱さを受け取る心の準備について、「究極の弱さの中で幸せを生きるという希望を抱いている」(Vanier 2017, p. 22)と語る。

次に第二の特徴として、それは「人々を結びつける」ことでもない。それは個々人の間の親密な関係ではなく、「他者を所有せず、他者に自由を与える。その源は神にある。さもなければ、それは二者の溶解や、他者の所有になってしまうだろう」(Vanier 2017, p. 94)。ヴァニエはアリストテレス哲学に基づいて、人間を「外に向かう」「外を切望する」存在、「真理に包まれ神に抱かれたい」という

「孤独」の叫びをあげる存在と捉える（バニエ 二〇〇五、一五頁）。そして「幻想や夢や先入観に閉ざされた孤独の中で現実を恐れるのを止め、一歩踏み出して現実とつながる」（バニエ 二〇〇五、一三頁）ことこそ、「人間である」ことにほかならないという。「つながる」のは世界とであり、それを可能にするのが、ヴァニエにとってはbelongingの場としての共同体なのである。

belonging

ヴァニエのメッセージの中心はbelonging[5]である。そのことを最もよく示しているのが、学習教材『Belonging――「受容」を求めて』（Porter and Rogers 2008）である。ヴァニエについてのドキュメンタリー映画を企画した監督に対し、ヴァニエがbelongingをめぐる映像の制作を持ちかけて実現した作品に、リーダーシップとコミュニティ作りの授業用ディスカッション・ガイドがつけられたもので、全体は「ラルシュでの共同生活の事例、ワーカホリックの問題（能力・成果の世界への没入）、学校でのいじめ、難民問題、民族（宗教）紛争、家庭を築くこと」の六つのパートに分かれている。そこではbelongingが「わたしたち」への執着となって紛争の原因になる危険と、その回避方法についても考察が促されている。

ヴァニエ自身はbelongingの経験を次のように語っている。二人の障害がある男性と住み始めたとき「初めて、「家が見つかった！」〔略〕自分の場所を見つけたと感じた」（強調は原著。Vanier 2017, p. 48）。反対に、帰属先をもたないこと（難民）、奪われていること（いじめ）に関する発言として、「私たちの排除の対象になる人は無数にいます〔略〕きっとすべての人が、誰かから「居なければいい」と思われていることでしょう」(バニエ 二〇〇五、九九頁)といわれる。また最新作では、二〇〇四年に当時の教皇ヨハネ・パウロ二世との間で経験した真の交流の瞬間を「コミュニオン」と表現し、教皇は「神は弱さのうちにおられる(présent)ことを示していた」(Vanier 2017, p. 130)と書いている。

この「présent」(居る、出席、残る／現在)という形容詞には、「absent」(不在、失踪、生死不明)という対義語がある。それは「存在していない(非在)」という不在ではなく、「今ここに私たちと一緒には居ない」不在である。すなわち「présent/absent」の対には、「誰かにとっての他者」の「在／不在」という意味があるのであり、そのような対義語をもつ présent が、belonging の場での「在り方＝居方」だと考えられる。上記学生は、自分のホームに belonging できていなかった時のことを「迎えられている気がしなかった」「居たくなかった」と書いていたが、それは absent の状態に置かれて(置いて)いたことを意味しているといえるだろう。また、彼と同じ大学に提出された未公開の論文でも、「présent」がキーワードになっている。言語コミュニケーションが困難な状況でのコミュニケーション法がテーマで、記号や手話のような技術を中心に扱っているが、そこでも「ただそこに居ること(présence)の力」「その人に場所をあけること」「時間をかけること」の重要性が、前記学生の論文と同様に強調されていた(Déchenaud 2017, p. 39)。

これらのことから、「belong(to)」とは、自他を présent にする(される)場に参入することであり、belonging の場である共同体とは、「be longing(for)」(外・他への)切望)によって「belonging(to)」(そこに居る)ことになる場と考えられる。そしてラルシュでは、そこは祝祭の場とされている。

祝祭

belonging は嫌悪感の逆である。上記学生の論文では、その嫌悪感が他者の避けがたい生命現象によって催されると書かれていた。「生命の弱さ」が嫌悪感と自他への暴力衝動を呼ぶのであれば、命を尊ぶ、弱者を守るとは、それといかに向き合って生きていくかという問題であるだろう(6)。上記学生はコミュニケーションによる解決を語る一方で、それができるようになるために時間をさく必要を語っていた。それは、究極の弱さである死に向かうものとしての生命と過ごす時間であり、その過程で相手を受け入れ嫌悪感を覚えなくなることを、彼は「寛容」と表現していた。ヴァニエはそこにいたる困難について、「非暴力と赦しの教えを思い起こし、私たちの宇宙や物質〔略〕すべての生命の美しさに目覚める〔略〕道は大変な苦労になる」(バニエ 二〇〇五、一八一―一八二頁)と述べる。そしてそれを可能にするのが「毎日を祝うこと、生だけでなく死を祝い、死について語り、死にゆく人々に寄り添うこと」(Vanier 2010, p. 23)、「誕生日、ラルシュにやって来たことと去ること〔略〕死(それさえも)」(Kristeva et Vanier 2011, p. 10)を祝うこと、そして日々の食卓であり、それらが単調な毎日の繰り返しである共同体の生活に喜びをもたらすという。

これは弱者に対する「支援」ではない。「支援」(人権の保障の役に立つ)と「生命の弱さを喜びの内に一緒に受け取る経験」は異なる。支援とは力を出すことであり、「弱さ」が「力」を引き出す場所で行われる。これに対して、ラルシュは「自他の弱さを受け取る／が受け取られる」場所でなければならないとヴァニエは考えている。ラルシュでは、与える力ではなく受け取る力が求められているのであり、そこでは人は「もっている力」において等しいのではなく、「生命の弱さ」において等しくなる。ここには、上記学生の論文で問題解決を可能にしたとされる「コミュニケーション」の場と、ヴァニエが強調する「コミュニオン」の違いがある。
嫌悪感の原因となる個々の出来事は、「当事者への働きかけ＝コミュニケーション」によって解決できる。一方、「生命の弱さ」そのものに対して働きかけることはできないが、生命の弱さと共にあることはできる。コミュニオンでは「共に受け取る」ことに重点があり、ラルシュは、生命の弱さのうちに共に居る喜びを経験する場であろうとしているのである。周りの世界との和解を語っていた上記学生も、まずコミュニケーションが開かれることによって、その経験が可能となっていったことが論文の記述からうかがわれる。キリスト教の「コミュニオン」(聖体の祭儀)は「共に聖体(恵みの糧)をいただく」ことであり、ラルシュで「共に食す」ことが重視されているのは、そのことに関係していると思われる。市民社会の中に、「市民」ならざる人々を迎えて生まれたラルシュ共同体で、市民の卵たちは、他者の生命と共に居ることに時間を費やし、他者と共に生命の糧を喜び、その経験を市民社会へとたずさえるのである。

注
(1) 本稿の記述は、筆者が二〇一二年から一七年にかけて五つのラルシュ共同体で行ったフィールドワーク体験に基づいている。
(2) 論文中参照されている論考は以下の通り。P. Rozin, « Des goûts et dégoûts », in S. Bessis dir., *Mille et une bouches. Cuisines et identités culturelles*, Autrement, 1995. また、参考文献表に記載はないが、文中にある「Nussbaum, M., 2001」は、M. Nussbaum, *Upheavals of Thought: The Intelligence of Emo-*

tions, Cambridge University Press, 2001 と推察される。

（3）エリナ・ラジダは経済活動を「人々を結びつける働き」として捉え直す論考（Elena Lasida, *Le goût de l'autre. La crise, une chance pour réinventer le lien*, Albin Michel, 2011）で知られる。

（4）緊迫した世界情勢に危機感をもって急ぎ出版されたという上記最新作のタイトルは『耳に届く叫び』である。

（5）ヴァニエのメッセージの核心であるため、翻訳の難しい言葉で、通常は「帰属」と訳されるが、『人間になる』では「つながり」と訳されている。

（6）市民社会には「脆弱な生命」を受け入れる場所がないという問題に関する論考として、次の二冊をあげておく。ノルベルト・エリアス『死にゆく者の孤独』中居実訳、法政大学出版局、一九九〇年。エヴァ・フェダー・キテイ『愛の労働　あるいは依存とケアの正義論』岡野八代・牟田和恵監訳、白澤社、二〇一〇年。

参照文献

バニエ、ジャン 二〇〇五、浅野幸治訳『人間になる』新教出版社。

Déchenaud, Camille janvier 2017, *Au-delà des Mots. Communiquer autrement que par les mots. L'exemple de l'accompagnement de personne avec un handicap dans la communauté de l'Arche à Inverness*, Université de Strasbourg.

Kristeva, Julia et Jean Vanier 2011, *Leur regard perce nos ombres*, Fayard.

Lallemand, Noémie janvier 2015, *L'Emotion du dégoût, enjeux et conséquences sur le lien social. Un obstacle à la relation à surmonter*（Université des Sciences sociales de Strasbourg, Faculté de Sciences de l'éducation に提出された学位取得論文）。市民貢献活動に参加する若者の成果作成をサポートする組織〈インテルコルディア〉フランス支部のホームページ上で公開されている（「https://www.intercordia.org/

devenir_volontaire/mémoires/」の「En Europe」の欄に掲載されている。二〇一八年一〇月二五日現在)。
Lasida, Elena 2015, « Evaluer l'utilité sociale de l'Arche ». http://www.arche-france.org/system/files_force/fichiers/d-141103-lasida-arche_-impact_societal.pdf(二〇一八年一〇月二五日現在)。

Porter, Beth and Greg Rogers 2008, *Belonging: The Search for Acceptance. A documentary film about the Social Vision of Jean Vanier*(study guide), L'Arche Canada. もとになったドキュメンタリー映画は *Belonging: The Search for Acceptance*, Producer/director: Karen Pascal, Windborne Productions film, Canada, 2002.

Vanier, Jean 2010, "What Have People with Learning Disabilities Taught Me?" in Hans S. Reinders ed., *The Paradox of Disability. Responses to Jean Vanier and L'Arche Communities from Theology and the Sciences*, Eerdmans.

Vanier, Jean 2017, *Un cri se fait entendre. Mon chemin vers la paix*, Bayard.

シリーズ「いま宗教に向きあう」について

本シリーズは、二〇一〇年代も終わりに近づき、元号も変わるという時に、「私たちはどこからどこへ向かっているのか」を「宗教」という参照点から大局的にとらえたものです。本シリーズには、「現代と宗教」をテーマとするこれまでの論集にはあまり見られない特色があります。

第一に、宗教研究を専門とする執筆者が中心であることです。二〇〇〇年代に入って、J・ハーバーマス、C・テイラーといった著名な社会学者、哲学者等が宗教に関する書を出し、それに触発された議論が国内でも広がりました。しかし、世俗化後の宗教復興、宗教の私事化などは二〇世紀から宗教学者も議論してきたことなのです。その蓄積があまり参照されず、基礎的語彙・認識にも混乱が見られるようになりました。そこで二〇〇〇年以降の事象や諸分野での議論を踏まえつつ、宗教学の蓄積を改めてまとめ、ヴァージョン・アップし、参照されやすい形で提供しようと考えました。各巻の「争点」で、諸分野での議論と宗教学の議論を突き合わせ、論争の見取り図を示すことでバランスを取るようにしたのも、この種の論集にない新機軸です。

第二の特色は、いわゆる「世界の諸宗教」だけでなく、世間で「宗教」と見なされていない個人的な信念や漠然とした宗教的志向性や行為・慣習をも対象に含めている点です。これは宗教現象の多様化を押さえたというだけにとどまりません。従来の「宗教」という言葉が、個人の内面的信仰こそ本質だとするような西洋近代の宗教観を前提としていたことに対して、国内外の研究者の間で反省が進んだことを反映しています。

本シリーズはさまざまな具体的事例を扱いながらも、これらの問題意識を根底に置いているため、大事件のたびに左右されるジャーナリストや著名人による論評とは異なります。宗教を恒常的に観察する者からの情報を盛り込み、事例を大きな歴史的・社会的文脈の中に位置づけ、一般性のある理論で整理することにより、「いま宗教に向きあう」のに必要な耐久性のあるパースペクティブを提案するものです。

ＪＳＰＳ科研費基盤研究（Ｂ）（課題番号２６２８４０１１）の助成による研究の成果が含まれます。

編者

【執筆者】

冨澤かな（とみざわ かな）
1971年生．静岡県立大学准教授．近代インド宗教史，オリエンタリズム論．「インドから見る18世紀末西洋近代墓地の出現と受容」『宗教研究』第88巻別冊，「「インドのスピリチュアリティ」とオリエンタリズム——19世紀インド周辺の用例の考察」『現代インド研究』第3巻など．

矢野秀武（やの ひでたけ）
1966年生．駒澤大学教授．上座仏教研究，東南アジア現代宗教論．『国家と上座仏教——タイの政教関係』(北海道大学出版会)，『現代タイにおける仏教運動——タンマガーイ式瞑想とタイ社会の変容』(東信堂)など．

立田由紀恵（たった ゆきえ）
1972年生．東京大学客員研究員．宗教と社会，宗教とナショナリズム．「敵との共通体験としての戦争——ボスニア内戦と統一ネイション形成」『思想』第1096号，「アメリカン・ナショナリズムと宗教——アフリカ系アメリカ人の例を通して」『現代宗教2002』など．

川瀬貴也（かわせ たかや）
1971年生．京都府立大学准教授．日韓近代宗教史．『植民地朝鮮の宗教と学知——帝国日本の眼差しの構築』(青弓社)，「朝鮮仏教」『日本宗教史のキーワード——近代主義を超えて』(大谷栄一他編著，慶應義塾大学出版会)など．

伊達聖伸（だて きよのぶ）
1975年生．上智大学准教授．宗教学，フランス語圏地域研究．『ライシテから読む現代フランス——政治と宗教のいま』(岩波新書)，『ライシテ，道徳，宗教学——もうひとつの19世紀フランス宗教史』(勁草書房)など．

江川純一（えがわ じゅんいち）
1974年生．東京大学助教．近現代イタリア宗教思想．『イタリア宗教史学の誕生——ペッタッツォーニの宗教思想とその歴史的背景』(勁草書房)，『「呪術」の呪縛』上・下(共編，リトン)など．

塩尻和子（しおじり かずこ）
1944年生．東京国際大学特命教授，筑波大学名誉教授．イスラーム研究．『イスラームの人間観・世界観——宗教思想の深淵へ』(筑波大学出版会)，『イスラームを学ぼう——実りある宗教間対話のために』(秋山書店)など．

澤江史子（さわえ ふみこ）
1969年生．上智大学教授．トルコ地域研究．『現代トルコの民主政治とイスラーム』(ナカニシヤ出版)，「トルコとインドの国民統合と世俗主義」『ユーラシア地域大国の統治モデル』(唐亮・松里公孝編著，ミネルヴァ書房)など．

Jolyon Thomas（ジョリオン・トーマス）
1978年生．ペンシルヴェニア大学助教授．宗教とメディア，宗教政策．*Faking Liberties: Religious Freedom in American-Occupied Japan*(University of Chicago Press, forthcoming), *Drawing on Tradition: Manga, Anime, and Religion in Contemporary Japan* (University of Hawaii Press)など．

上村岳生（うえむら たけお）
1974年生．元国際宗教研究所研究員．仏教学，公共宗教論．「天台性悪説の考察——仏教における悪の問題」『東京大学宗教学年報』第27号，「「公共宗教」論の射程——現代社会における宗教の位置」『現代宗教2011』など．

藤原聖子（ふじわら さとこ）
1963年生．東京大学教授．比較宗教，現代宗教論．『ポスト多文化主義教育が描く宗教——イギリス〈共同体の結束〉政策の功罪』(岩波書店)，『「聖」概念と近代——批判的比較宗教学に向けて』(大正大学出版会)など．

稲場圭信（いなば けいしん）
1969年生．大阪大学教授．宗教社会学．『利他主義と宗教』(弘文堂)，『震災復興と宗教』(共編著，明石書店)など．

金子 昭（かねこ あきら）
1961年生．天理大学教授．倫理学，宗教社会福祉論．『シュヴァイツァー その著作活動の研究——哲学・神学関係遺稿集を中心に』，『驚異の仏教ボランティア——台湾の社会参画仏教「慈済会」』(以上，白馬社)など．

寺戸淳子（てらど じゅんこ）
1962年生．専修大学兼任講師．『ルルド傷病者巡礼の世界』(知泉書館)，「〈ラルシュ〉で生きる『人間の条件』 ヴァニエ，アレント，クリステヴァ——異邦人は招く」『他者論的転回 宗教と公共空間』(磯前順一・川村覚文編，ナカニシヤ出版)など．

【責任編集】

池澤 優

1958年生．東京大学教授．中国宗教史，死生学，生命倫理．『「孝」思想の宗教学的研究——古代中国における祖先崇拝の思想的発展』(東京大学出版会)，『非業の死の記憶——大量の死者をめぐる表象のポリティックス』(共編，秋山書店)など．

いま宗教に向きあう 4
政治化する宗教，宗教化する政治〈世界編Ⅱ〉

2018年12月19日　第1刷発行

編　者　池《いけ》澤《ざわ》 優《まさる》

発行者　岡本 厚

発行所　株式会社 岩波書店
〒101-8002 東京都千代田区一ツ橋 2-5-5
電話案内 03-5210-4000
http://www.iwanami.co.jp/

印刷・理想社　カバー・半七印刷　製本・松岳社

ISBN 978-4-00-026510-2　　Printed in Japan